LA COHABITATION DES GÉNÉRATIONS

Josée Garceau

LA COHABITATION DES GÉNÉRATIONS

LES ÉDITIONS **LA PRESSE**

Catalogage avant publication de Bibliothèque et Archives nationales du Québec et Bibliothèque et Archives Canada

Garceau, Josée

    La cohabitation des générations

    Comprend des réf. bibliogr.

    ISBN 978-2-89705-089-4

    1. Relations entre générations - Québec (Province). 2. Conflit de générations - Québec (Province). 3. Qualité de la vie au travail - Québec (Province). I. Titre.

HN110.Z9I58 2012b 305.209714   C2012-941646-0

Directrice de l'édition
Martine Pelletier

Éditrice déléguée
Sylvie Latour

Mise en page
Marguerite Brooks

Révision
Sophie Sainte-Marie

Correction d'épreuves
Anik Tia-Samson

Photographie (couverture arrière)
Caroline Clouâtre

L'éditeur bénéficie du soutien de la Société de développement des entreprises culturelles du Québec (SODEC) pour son programme d'édition et ses activités de promotion.

L'éditeur remercie le gouvernement du Québec de l'aide financière accordée à l'édition de cet ouvrage par l'entremise du Programme d'impôt pour l'édition de livres, administré par la SODEC.

Nous reconnaissons l'aide financière du gouvernement du Canada par l'entremise du Fonds du livre du Canada (F.L.C.).

Dépôt légal – 3ᵉ trimestre 2012
ISBN 978-2-89705-089-4
Imprimé au Canada

LES ÉDITIONS **LA PRESSE**
Présidente
Caroline Jamet
Les Éditions La Presse
7, rue Saint-Jacques,
Montréal (Québec)
H2Y 1K9

À Yves Bellavance :
Promesse tenue !

Chaque génération se croit plus intelligente que la précédente et plus sage que la suivante.

George Orwell

TABLE DES MATIÈRES

INTRODUCTION

Les différences générationnelles, un sujet à la mode.

C'est en l'an 2000 que le sujet des différences entre les générations s'est retrouvé sur la place publique, en raison de la publication aux États-Unis de l'étude *Millenials Rising. The Next Great Generation* de Neil Howe et William Strauss[1]. Cette recherche exhaustive de plus de 400 pages porte sur les jeunes nés en 1982, et qui ont obtenu leur diplôme d'études secondaires en l'an 2000. Howe et Strauss les appellent « *Millenials* », les jeunes du millénaire. Quelques années plus tard, les jeunes nés de 1982 à 2000 ont été baptisés la « génération Y ».

Faisant contrepoids à un article du *Newsweek*[2] qui décrit cette génération comme étant sans valeur parce qu'elle n'a pas connu de difficultés importantes et ne semble pas avoir de causes à défendre, l'étude de Howe et Strauss s'applique à démontrer le contraire. À l'aide de données statistiques, de questionnaires, d'entrevues et d'échanges Internet réalisés auprès de centaines de jeunes et de professeurs, les auteurs mettent en lumière les caractéristiques uniques de cette génération, bien ancrée dans son époque. Ces auteurs prolifiques, spécialistes des générations et de leur rôle dans l'histoire et ayant déjà publié des ouvrages traitant de l'impact des générations précédentes sur la société, seront en mesure de comparer et même d'anticiper les impacts que la génération du millénaire aura sur la société.

L'arrivée des jeunes Y est le déclencheur qui nous a fait prendre conscience des différences de plus en plus marquées entre les générations. Ce constat est d'abord survenu dans les écoles, alors que le personnel enseignant s'est retrouvé face à des élèves de plus en plus différents de ceux des générations précédentes. Le personnel a aussi dû composer avec les diverses réactions des collègues vis-à-vis des élèves, lesquelles différaient aussi selon la génération à laquelle ils appartenaient.

---

[1]. HOWE, Neil et William STRAUSS. *Millenials Rising. The Next Great Generation*, Vintage Books, Random House, New York, 2000.

[2]. Ibid., p. 3-4.

Dans le reste de la société, le déclic s'est produit lorsque ces jeunes ont commencé à intégrer le marché du travail. Dans plusieurs milieux, leur arrivée génère toutes sortes de réactions de la part des autres générations.

Les Y, avec leurs valeurs et leurs comportements parfois paradoxaux, semblent provoquer, bien malgré eux, des discussions et des remises en question chez les générations qui les ont précédés. Il arrive que dans certains milieux, quatre générations se côtoient, mais dans la grande majorité des cas, trois groupes (les baby-boomers, les X et les Y) se partagent l'espace de travail au quotidien. Leurs valeurs et leurs caractéristiques se rejoignent parfois, mais elles peuvent aussi créer des conflits. Tous doivent alors apprendre à se comprendre et s'apprivoiser pour mieux cohabiter. L'arrivée des Y met au jour, pour ainsi dire, les différences et les fossés, petits et grands, entre les générations.

L'étude de Howe et Strauss a également généré de nombreux débats sur la place publique, des recherches universitaires, des articles ainsi que des livres à profusion. La très grande majorité de ces ouvrages provient des États-Unis et ne s'applique que partiellement à la réalité québécoise. Notre société est différente à bien des égards de la société américaine, mais partage avec elle de nombreux facteurs d'influence, tels que le style de vie, une certaine convivialité, des rapports sociaux moins hiérarchiques et la place importante accordée aux jeunes. Cet ouvrage, inspiré par l'imposante documentation américaine sur le sujet ainsi que par des expériences et des observations personnelles de la réalité québécoise, donne des outils pour mieux comprendre les générations que nous côtoyons au quotidien et en décoder les comportements. Il offre des solutions adaptées à notre réalité afin d'améliorer nos relations intergénérationnelles au travail ou dans notre vie personnelle, peu importe le domaine dans lequel nous évoluons.

Les exemples présentés dans ce livre sont issus, en majeure partie, de la multitude d'échanges que j'ai eus lors des conférences et des formations que j'offre depuis 2006. Du secteur manufacturier à celui de la santé, des Forces canadiennes aux commissions scolaires, des PME aux grandes corporations, le constat est le même : la gestion quotidienne de trois ou quatre générations est complexe, quelquefois frustrante et de plus en plus exigeante. Il existe un grand besoin d'en savoir plus et d'acquérir les habiletés permettant de comprendre et d'adapter les façons de faire afin de créer un climat de travail et de vie positif pour toutes les générations.

La cohabitation des générations se veut un livre simple, concret et amusant, qui saura outiller non seulement les gestionnaires, mais aussi toute personne évoluant au sein d'équipes intergénérationnelles. En prime, les parents, leurs enfants et même les grands-parents pourront mieux se comprendre.

La première partie présentera les caractéristiques des quatre générations. La deuxième placera baby-boomers, X et Y en contexte de travail et permettra de reconnaître les situations conflictuelles. C'est à ce moment que les différences présentées en première partie prendront tout leur sens. Enfin, la dernière partie proposera des solutions concrètes pour améliorer non seulement les relations intergénérationnelles au travail, mais aussi le quotidien de chacun.

De quoi parle-t-on ?

Dans un premier temps, il importe de bien définir ce qu'on entend par « génération ».

Howe et Strauss définissent une génération comme un groupe de personnes nées au cours d'une période donnée, couvrant en général le passage de l'enfance à l'âge adulte (environ 20 ans) et qui a en commun des aspects de leur personnalité. Les membres d'une génération auront vécu les mêmes moments historiques : une crise économique, une guerre, l'arrivée d'une nouvelle technologie ; bref, des événements qui influenceront leur attitude, leurs valeurs, leurs croyances. Chaque individu a évidemment une personnalité propre, modelée par des circonstances spécifiques qui font en sorte que, sur certains points, il peut être complètement à l'opposé du courant principal de sa génération. Faire partie d'une génération, c'est reconnaître qu'un nombre important d'expériences communes rapprochent ses membres les uns des autres sur le plan de la personnalité, tout en tenant compte des exceptions.

Chaque personne est le fruit de son époque. Une période optimiste et pleine d'espoir ne générera pas les mêmes valeurs qu'une ère morose où l'économie bat de l'aile. La crise économique de 1929, par exemple, a marqué au fer rouge toute une génération, mais a moins influencé la suivante. Pour une autre, c'est l'apparition du sida qui a modifié en profondeur les rapports humains. Fini la belle insouciance de la génération précédente : ce virus peut rendre malade et tuer. Reconnaître les circonstances de la société dans laquelle ont évolué les différentes générations permet de mieux comprendre

17

leurs caractéristiques. Souvent, nous ne sommes pas nés ainsi, nous avons plutôt grandi dans un monde qui nous a forgés.

De qui parle-t-on?

Howe et Strauss ont identifié 6 générations:
-la génération perdue (1883-1900);
-la génération G.I. (1901-1924);
-la génération silencieuse, appelée les traditionnels (1925-1944);
-les baby-boomers (1945-1964);
-la génération X (1965-1981);
-la génération du millénaire, appelée la génération Y (1982-2000).

Aux fins du présent ouvrage, nous retiendrons les quatre dernières.

Dans les sources, les dates qui définissent les générations peuvent être légèrement différentes selon que l'auteur soit sociologue, démographe ou historien. Certains s'appuient en priorité sur les périodes de natalité, qu'elles soient en hausse ou en déclin. D'autres, comme Lynne C. Lancaster et David Stillman, auteurs de l'ouvrage *When Generations Collide*[3], ajoutent des facteurs historiques et tiennent compte des événements qui ont influencé le groupe. Nous avons choisi cette approche ainsi que des dates qui permettent de mieux expliquer les différentes personnalités générationnelles, car bien plus que les dates, ce sont les événements communs qui réunissent et définissent une génération. En outre, il y a également de petites différences à l'intérieur d'une cohorte, par exemple entre les personnes nées au début de celle-ci et celles nées à la fin; on assiste alors à une sorte de superposition des valeurs entre les deux générations qui se chevauchent. Par exemple, les plus vieux baby-boomers sont arrivés sur le marché du travail alors que l'économie battait son plein, tandis que les plus jeunes avaient déjà un pied dans la crise économique. Il y aura donc partage de valeurs et de caractéristiques, mais aussi des écarts. Conséquemment, certains auteurs subdivisent les générations en sous-groupes. De façon à ne pas alourdir le propos, nous ne le soulignerons que lorsque les différences seront très importantes.

---

[3] LANCASTER, Lynne C. et David STILLMAN. *When Generations Collide*, Harper Business, HarperCollins, New York, 2002.

Lorsqu'on parle des générations, on généralise. Certains se reconnaîtront beaucoup et d'autres moins, mais tous y retrouveront des collègues ou des membres de leur famille. Contrairement à une certaine presse qui se plaît à jouer le jeu de la comparaison facile et de l'accusation qui oppose une «belle» génération à une «moins intéressante», *La cohabitation des générations* propose plutôt de reconnaître les forces et les petits travers de chacune en en expliquant la cause, de façon à réaliser qu'au bout du compte toutes les générations ont plus de points communs qu'elles ne le croient. Plutôt que de s'affronter, elles se complètent. Nous espérons que la lecture de ce livre vous fera apprécier l'histoire et les caractéristiques particulières de chacun de ces groupes qui ont construit et constituent notre société.

PARTIE 1
LES CARACTÉRISTIQUES DES GÉNÉRATIONS

LES TRADITIONNELS (1901-1944)

J'aurais voulu... mais j'ai dû faire des sacrifices.

Troisième dimanche de juin, la fête des Pères. Marcel s'adresse à son petit-fils : « Alors c'est bientôt l'entrée à l'université ; quel programme as-tu choisi ? Tu es chanceux d'avoir le choix. Quand j'étais plus jeune, j'aurais aimé être ingénieur, mais mon père était cultivateur et, à l'époque, quand tu étais le fils d'un cultivateur... Et puis il fallait faire des sacrifices, nous étions huit frères et sœurs. »

Les G.I. sont nés de 1901 à 1924, et les traditionnels entre 1925 et 1944. Les personnes de ces deux groupes affichent des valeurs presque identiques. Nous les regrouperons donc sous la génération des traditionnels et ferons abstraction de la nuance de Howe et Strauss qui les distinguent. La grande différence entre les deux groupes réside dans les événements qui les ont le plus marqués : pour les premiers, c'est la Première Guerre mondiale et la grande crise ; pour les deuxièmes, la Seconde Guerre mondiale et l'après-guerre. Elle réside également dans les conditions économiques qui prévalaient lors de leur entrée sur le marché du travail.

CONTEXTE SOCIOÉCONOMIQUE

Chez les traditionnels, au Québec, plus que chez toute autre génération, on peut observer le rôle déterminant joué par le milieu et les valeurs de l'époque. Les années 1900-1945, sous l'emprise de la religion catholique, placent le don de soi et le sacrifice des ambitions personnelles pour le bien commun au-dessus de tout. L'Église s'immisce dans toutes les sphères de la vie des citoyens : au cœur de la famille, des relations de couple, de l'éducation des enfants. Elle est également au cœur de la vie publique, ayant le contrôle sur les écoles et les hôpitaux, et elle exerce aussi son pouvoir en politique municipale et provinciale. Dans tous les coins et recoins du Québec, le curé de la paroisse influence et dirige le quotidien de milliers d'ouailles prêtes à contribuer aux destinées de la société et à remplir leurs devoirs.

Cela veut dire garder les épouses sous l'autorité du mari et avoir plus d'enfants qu'on ne peut en nourrir puisque le salut de la nation canadienne-française, donc catholique, passe par l'accroissement de familles de plus en plus nombreuses. La génération née à la fin du XIXe siècle n'avait pas souvent le choix. Avoir ou non des enfants n'était pas une décision terrestre, mais la volonté divine. Après le cinquième ou le sixième, chaque poupon représente surtout une bouche de plus à nourrir et souvent un pas supplémentaire vers l'appauvrissement de la famille. Alors au travail! C'est pourquoi plusieurs enfants traditionnels, particulièrement ceux de la première moitié de la cohorte (1901-1924), seront considérés comme de la main-d'œuvre. Ils se rendront très rapidement utiles pour aider aux champs, au magasin, au garage, à l'étable, aux livraisons, etc. «À 13 ans, je travaillais avec mon père au magasin.» Ils s'occupent de l'organisation de la maisonnée, de leurs jeunes frères et sœurs, même s'ils n'ont parfois que quelques années de plus que leurs cadets.

L'Église demande aux fidèles d'accepter les injustices et la souffrance sans rechigner. Elle tentera tant bien que mal de soulager les populations aux prises avec le chômage, mais sera mal à l'aise avec les conflits de travail, appuyant les travailleurs et leurs revendications sans vouloir déplaire, du même souffle, aux pouvoirs économiques et politiques en place.

La crise économique qui a débuté en 1929 affecte la population pendant près de 15 ans. Au plus fort de la crise, de 1929 à 1933, la société québécoise voit le taux de chômage passer de 3 % à 25 %, et les salaires diminuer de 40 %[4]. Le Québec est le théâtre de conflits de travail chez les employés des mines, des compagnies hydroélectriques, du textile, des forêts et des chantiers maritimes. Les choses commencent à s'améliorer au début de la Seconde Guerre. Le chômage diminue de façon importante vers 1945, car le Canada fournit la Grande-Bretagne en biens de toutes sortes. Les usines augmentent la cadence, le travail revient peu à peu, mais les conflits de travail se succèdent, ce qui entraînera la création d'associations et de syndicats. En 1940, les Québécoises sont les dernières Canadiennes à obtenir le droit de vote dans leur province. Les traditionnels devenus adultes entre 1945 et 1960 connaîtront durant ces mêmes années «la grande noirceur», une période d'ultraconservatisme économique et social qui s'étend de 1945 à 1959. Ayant grandi dans le spectre de la crise économique, leurs parents les ont nourris d'histoires toutes plus tristes et inquiétantes les unes que les autres. Conséquemment, ils veulent de la sécurité et du concret, et se préparent toujours

---

4 P. A. Linteau, R. Durocher, J. C. Robert et F. Ricard, *Histoire du Québec contemporain : le Québec depuis 1930*, Montréal, Boréal Express, 1986, 739 p., p.14.

au pire. Les jeunes et les adultes des années 1930, 1940 et 1950 qui avaient un réel contrôle sur leur vie étaient rares. Ils se feront un plaisir de changer la donne pour leurs enfants.

CARACTÉRISTIQUES DES TRADITIONNELS

En fait, elles sont fort simples et étroitement liées au contexte décrit ci-dessus : patience, travail, loyauté, respect de l'autorité, conformisme, esprit de sacrifice et frugalité.

Patience

Tout vient en son temps, il ne faut surtout rien brusquer. La patience est une vertu qui servira bien les traditionnels. Ayant peu de contrôle sur les événements (crise économique, guerres), ils s'arment de patience en espérant des jours meilleurs. Il n'est pas dans leur nature de provoquer le changement. Certains leaders le feront, fort heureusement. Résignés, ils attendent avec confiance que les dirigeants s'en chargent et s'en remettent à Dieu en période de découragement. Résolument tournés vers l'avenir, ils représentent bien la fourmi de Jean de La Fontaine. « Un tiens vaut mieux que deux tu l'auras », diront-ils, économisant pour les jours difficiles.

Travail

Le traditionnel s'estime heureux d'avoir un travail, ce qui, durant les années 1930, a cruellement manqué à ses propres parents ou à ses grands-parents, selon qu'il soit de la première ou de la seconde moitié de la cohorte. Pas question de courir des risques inutiles qui pourraient avoir des conséquences désastreuses pour la famille. Il trouve un gagne-pain et fait ensuite tout pour le garder, même si la semaine est de 60 heures, qu'il n'a pas de filet de sécurité et que sa santé est menacée. Le traditionnel ne se plaint pas de son sort. Discipliné, il s'applique à remplir son rôle sans véritablement le remettre en question. L'idée de changer d'emploi parce qu'il est ennuyant ou par désir de « relever de nouveaux défis » est un concept qui n'existe tout simplement pas. Le travail permet de gagner sa croûte, pas de se réaliser. L'objectif : demeurer toute sa vie dans la même entreprise, afin de s'assurer stabilité et sécurité. Il ne veut pas nécessairement changer à tout prix l'ordre établi, monter en grade et devenir patron à son tour.

Loyauté

Le traditionnel est loyal envers ses patrons, les institutions et l'Église. Il a connu le système hiérarchisé où les ordres proviennent du haut pour aller vers la base. Il ne conteste pas l'autorité et lui est pleinement loyal. Le traditionnel est un bon soldat qui obéit sans poser de question.

Cela n'empêchera pas, comme nous l'avons vu précédemment, que des traditionnels revendiqueront de meilleures conditions, feront la grève et se regrouperont en associations et syndicats pendant la crise économique, mais l'adhésion à ces associations sera parfois difficile et déchirante. Exiger des changements de son employeur est perçu par certains comme un manque de loyauté et de reconnaissance. Ils s'en remettent donc aux dirigeants, aux politiciens et au clergé pour les conduire, les encourager, leur montrer le droit chemin et décider de ce qui est le mieux. Ils font confiance et ne sont pas d'un naturel méfiant.

Respect de l'autorité

Les traditionnels ont respecté leurs parents, même si, à l'occasion, ces derniers étaient durs avec eux. Ils font de même avec leur patron même s'il les traite avec mépris. Ils respectent leur curé même s'il leur demande presque l'impossible, comme pour certaines femmes de demeurer avec un mari violent. En réalité, pour plusieurs traditionnels, toutes les personnes en autorité méritent le respect, non pas en raison de leurs compétences et de leurs réalisations, mais simplement parce qu'ils sont en position d'autorité. « S'il a été nommé à ce poste, c'est qu'il le mérite. Nous devons faire confiance à nos dirigeants, ils savent mieux que nous », disait ma grand-mère à propos de Maurice Duplessis. La même réalité est observable du côté des institutions : que ce soit l'État, l'école (s'ils ont eu la chance d'y aller, bien entendu), les banques, la mairie, le système judiciaire ou l'Église, toutes ces organisations méritent la confiance et le respect des traditionnels, quelles que soient leurs actions. Pas étonnant qu'en vieillissant ils exigeront des baby-boomers et des plus jeunes le même respect, la même confiance et la même loyauté, et qu'ils se sentiront bousculés lorsque leur autorité sera remise en question.

Conformisme

Le traditionnel aime l'ordre et l'organisation. Pour lui, les modèles sont clairs et il essaie de les suivre à la lettre et de s'y conformer. Le bon père pourvoyeur, le bon catholique qui suit les préceptes de l'Église, le travailleur responsable, la mère gardienne des valeurs et de l'organisation de la maison, les enfants, obéissants et… nombreux. La dissidence et la différence nourrissent les ragots et attirent les foudres du curé. Il y aura pourtant des exceptions chez certains contemporains, surtout à l'aube de leur cinquantaine, comme Jean Lesage qui sortira le Québec du conformisme et de sa grande noirceur.

Né en 1912, Jean Lesage est un traditionnel qui a grandi pendant la crise économique et qui a connu les deux guerres mondiales. Il forme en 1960, à 48 ans, un gouvernement résolument progressiste. La génération des traditionnels, une fois engagée dans les réformes de la Révolution tranquille, fait des bonds spectaculaires. Il suffit de parler avec des personnes âgées dans nos familles respectives pour voir le chemin parcouru depuis les années 1930 jusqu'au milieu des années 1960. Elles ont évolué, changé et brisé le carcan du conformisme de leur jeunesse, ce qui n'a quand même pas été facile compte tenu de leur respect des institutions et de l'ordre établi. Qui a poussé le Québec vers la modernité ? Au bout du compte, ce sont les traditionnels.

Esprit de sacrifice

Vous discutez avec un homme né durant la Première Guerre mondiale ou lors de la grande crise et, souvent, la conversation débute par : « Quand j'étais plus jeune, j'aurais voulu… » Puis elle se poursuit avec : « … mais les circonstances ont fait que… »

Beaucoup de traditionnels ont connu une vie de sacrifices. Sacrifice des désirs et des aspirations personnelles au profit des besoins des frères, sœurs et parents. Sacrifice des rêves de réussite, d'indépendance et de longues études pour prendre plutôt la relève de l'entreprise familiale et satisfaire aux attentes des proches et de la société en général. Sacrifice du mariage et de la famille, parce qu'on est le plus talentueux à l'école et que la seule façon de poursuivre des études, c'est d'opter pour le séminaire et la prêtrise, ou encore sacrifice de la maternité parce que la mère est morte en couches et qu'il faut élever les frères et sœurs, laissant de côté sa vie de jeune fille. Abandonner l'école en septième année afin de donner un coup de main à la famille, entrer à l'usine à 16 ans pour apporter un revenu supplémentaire… Le traditionnel fait partie d'une génération complètement tournée vers le service aux autres, gratuit et engagé. Une bonne façon de gagner son ciel puisque, selon la croyance de l'époque, la vie est une suite d'épreuves qu'on doit surmonter pour, une fois mort, être enfin heureux. Les traditionnels issus de familles plus aisées pourront faire des études, et les jeunes filles devenir enseignantes ou infirmières jusqu'à ce qu'elles fondent une famille à leur tour. La première moitié de cette génération vivra, pour la plupart, une vie de sacrifices et de service aux autres. La seconde aura l'occasion en deuxième moitié de vie d'en profiter un peu plus, la société étant plus prospère et plus permissive.

Frugalité

Une fois la semaine de travail terminée et la famille en sécurité, que reste-t-il ? Peu de temps libre, encore moins de temps pour soi. Consommer ? Se gâter ? Profiter de la vie ? Le traditionnel n'a pas grandi dans la société de consommation. Il achète uniquement le nécessaire, puis il l'use, le répare et s'en sert à nouveau, jusqu'à ce qu'il soit totalement inutilisable. Débrouillard, le traditionnel sait réparer, patenter, s'organiser avec le minimum. Il achète l'essentiel, se gâte un petit peu lors des occasions spéciales, mais en se procurant des choses pratiques. La frivolité n'est pas de mise, les cadeaux de Noël sont souvent de la nourriture, des vêtements ou des objets utiles, qui seront transférés d'un enfant à l'autre. L'aîné a du neuf, les suivants souvent ce qui en reste, une fois le vêtement ou l'objet réparé. Le traditionnel ne gaspille rien. Il ne dépense pas, il économise, et l'argent est mis de côté en prévision des jours plus sombres. « J'ai connu la crise, moi, et la guerre. Je sais ce qui peut arriver et ce que c'est de se priver. » L'avenir est incertain la plupart du temps, et hors du contrôle de la population. Il vaut donc mieux être prévenant et tenter de laisser un héritage aux enfants qui, ma foi, ne s'en plaindront pas !

LES TRADITIONNELS EN UN COUP D'ŒIL

Caractéristiques et valeurs des traditionnels	
• Patience	• Conformisme
• Travail	• Esprit de sacrifice
• Loyauté	• Frugalité
• Respect de l'autorité	

LE PARENT TRADITIONNEL

Les traditionnels de la seconde moitié de la cohorte (1925-1944) ont été les premiers à envisager l'éducation des enfants d'une manière différente des générations précédentes. Les enfants ne sont plus de la main-d'œuvre à qui l'on donne des ordres. Grâce au livre du Dr Benjamin Spock, *The Common Sense Book of Baby and Child Care*, publié en 1946, les parents apprennent à considérer les enfants comme des personnes à part entière et font preuve de plus de souplesse et d'affection. La discipline pure et dure, qui empêche de les embrasser et de les prendre dans leurs bras afin d'en faire supposément des adultes indépendants et forts, laisse place au gros bon sens. Le Dr Spock explique aux mères qu'elles doivent se faire confiance et qu'elles en savent plus qu'elles ne le croient sur l'éducation des enfants : une révolution !

De plus, les années 1950 et 1960 sont une période optimiste. Les parents traditionnels, qui ont fait tant de sacrifices, veulent désormais offrir à leurs enfants une vie meilleure, plus confortable et surtout remplie d'occasions favorables. Ils souhaitent que leurs enfants aient une meilleure éducation et qu'ils apprennent un bon métier afin de mettre fin à la pauvreté. Ayant repris confiance en l'avenir, ils auront beaucoup d'enfants, désirés cette fois. Après la guerre, il faut rebâtir la population, en mettant au monde des enfants plus en santé, mieux éduqués, qui pourront organiser la société de demain. Des méthodes contraceptives apparaissent, dont l'une, la méthode Ogino, est acceptée par l'Église. Toutes ces conditions sont propices à une hausse démographique qui n'est plus la conséquence de la nature, mais décidée par les parents.

Le baby-boom québécois a eu lieu de 1944 à 1965. De 102 262 naissances en 1944, il atteint un sommet en 1959 avec un nombre record de 144 459 naissances[5]. Bien que moins important par la suite, le nombre de naissances reste significatif jusqu'en 1965. Malgré les avancées sociales, les parents ont des rôles définis : la femme s'occupe en priorité de la maison et de l'éducation des enfants, et le père, souvent l'unique pourvoyeur, de la discipline. Même s'il y a, chez les traditionnels de la seconde moitié, de plus en plus de femmes sur le marché du travail, cela ne les délestera pas de leur responsabilité première, soit les tâches domestiques et l'organisation familiale.

---

5. Institut de la statistique du Québec. *Registre des naissances*, http://www.stat.gouv.qc.ca/donstat/societe/demographie/naisn_deces/naissance/401.htm.

L'amélioration des conditions de travail et la hausse du niveau de vie permettent de passer plus de temps à la maison et un peu moins au travail, particulièrement pour les pères qui seront plus présents dans la vie de leurs enfants. De plus en plus de familles prendront de petites vacances ensemble : quelques jours en visite chez la parenté ou des amis. Les parents traditionnels donneront à leurs enfants la chance de vraiment vivre leur jeunesse. Mieux encore, une nouvelle étape se dessine : l'adolescence. Bien qu'ayant été identifiée par Stanley Hall en 1904, l'adolescence était un état physiologique qui n'était pas associé à une façon de vivre. Beaucoup de jeunes traditionnels, par exemple, passaient directement de l'enfance à l'âge adulte en matière de responsabilités. Avec la publication du *Rapport Parent* et, en 1964, la création par Paul Gérin-Lajoie du ministère de l'Éducation, l'âge obligatoire de fin de fréquentation de l'école passe de 14 à 16 ans, et de moins en moins de jeunes sont retirés de l'école pour aller travailler et, conséquemment, devenir des adultes à un très jeune âge. Les parents traditionnels encouragent leurs enfants à poursuivre leurs études, planifier leur avenir, décider de leur carrière et ainsi prendre en main leur destinée. Les besoins des enfants sont pour la première fois considérés. Il est de moins en moins question de servir en premier l'intérêt de la famille ou de la collectivité. Les parents traditionnels encouragent leurs enfants, les guident et tentent de leur offrir le maximum d'occasions pour profiter de leur jeunesse, tout en demandant respect et obéissance. Certes, les nombreux bouleversements des années 1960 et 1970 inquiéteront les parents traditionnels, qui auront parfois du mal à s'y retrouver et à départager les dangers réels des mythes, mais, fort heureusement, cela n'altérera pas la grande confiance qu'ils auront dans cette populeuse génération qu'ils auront mise au monde.

LES BABY-BOOMERS (1945-1964)

L'avenir nous appartient!

D'accord, d'accord, on le sait. Plusieurs baby-boomers ont fait des choses extraordinaires, ont été aux premières loges de l'émergence de groupes musicaux phénoménaux et ont vécu des expériences impossibles à répéter de nos jours. Ils ont eu de super-jobs, des *trips* éclatés et ont réussi à se doter de conditions de travail qui leur assureront de pouvoir refaire tout ça lors de la retraite!

Qu'elles soient plus âgées ou plus jeunes, les autres générations considèrent les baby-boomers comme une génération gâtée par la vie. Ils ont bien entendu connu leur lot de doutes et de difficultés, mais, en majorité, ils auront eu la chance de devenir adultes dans une société pleine de promesses, qui les a soutenus et adorés.

Cette génération a fait l'objet de plus d'études et de recherches que toute autre avant elle. Mais au-delà des stéréotypes et des blagues courantes teintées d'un peu de jalousie, qui sont vraiment les baby-boomers?

Les baby-boomers ne forment pas un groupe homogène, même si leurs valeurs sont semblables. Ils se subdivisent en deux groupes: ceux nés de 1945 à 1960, qui dans l'ensemble, ont connu les effets positifs de l'après-guerre et ceux nés de 1961 à 1964, qui, une fois sur le marché du travail, ont subi les effets néfastes des deux récessions des années 1980 et 1990. Les uns comme les autres, cependant, ont connu une vie plus facile que la génération précédente. Ils ont évolué pour la grande majorité dans une économie florissante et en pleine diversification, offrant de multiples et nouvelles possibilités. Leurs parents (surtout ceux de la seconde cohorte des traditionnels), les ont désirés et ont tout fait pour leur donner une vie plus aisée. De plus, ils auront toute leur vie l'avantage de leur *nombre*. Tout cela a créé les conditions parfaites pour assurer aux baby-boomers un poids politique et social important, qui leur a permis d'avoir une influence sans précédent sur la société, laquelle se fait sentir encore aujourd'hui alors que beaucoup d'entre eux sont toujours aux commandes et se dirigent tranquillement vers la retraite.

CONTEXTE SOCIOÉCONOMIQUE

L'après-guerre représente une période pleine d'optimisme. L'économie mondiale se reconstruit, et on assiste à une propagation mondiale de la culture et de l'économie américaines ainsi qu'à une explosion d'avancées technologiques et sociales. L'après-guerre est une période intense de développement et de prospérité.

Le Québec n'y fait pas exception, il change rapidement. Le niveau de vie triple de 1945 à 1970[6], de plus en plus de personnes délaissant le monde rural pour les villes qui promettent de meilleurs revenus et une vie plus facile. Cette urbanisation, combinée à une hausse spectaculaire des naissances, entraînera une augmentation de la consommation de masse. Cet élan vers la modernité verra apparaître, dès les années 1950, une nouvelle classe moyenne pouvant se procurer des biens de consommation pour se faciliter la vie, comme la machine à laver avec essoreuse. Le secteur tertiaire (services, emplois de bureaux) se développera à un rythme accéléré afin de soutenir les entreprises manufacturières du secteur secondaire. De très bons emplois, bien payés et requérant plus de diplômes, attireront les jeunes. Le père travaillait à l'usine sur la chaîne de montage, le fils sera dans les bureaux aux étages supérieurs! En outre, l'intervention de plus en plus importante de l'État dans l'économie constitua un appareil gouvernemental plus gros, créant des postes de fonctionnaires à profusion. Les jeunes auront dorénavant le choix.

L'arrivée de la télévision, objet démocratique par excellence, exposera les citoyens aux nouvelles tendances et les ouvrira sur le monde d'une façon que ne permettait pas la radio. Ce canal de communication permettra aux nouvelles idées de circuler de façon plus large et de sortir des cercles intellectuels. Et des idées, il y en aura! La Révolution tranquille, dans les années 1960, modifiera en profondeur la politique, la société, l'éducation, la santé et le développement économique, en plus de décléricaliser les institutions de l'État. Ainsi, les années 1960 verront la création de nouveaux partis politiques, de grandes centrales syndicales, des cégeps, des polyvalentes et du programme des prêts et bourses, en plus de la mise en œuvre de grands chantiers comme la baie James, qui offriront des emplois à salaire élevé à des milliers de Québécois. Le développement d'une nouvelle élite intellectuelle, à

---

[6]. Beauregard, Michel. *Un aperçu de l'histoire économique du Québec*, cégep Marie-Victorin, 2006, http://www.michelbeauregard.com/eqchap2.pdf.

l'extérieur du clergé, favorisera l'éclosion et l'appui de nouvelles idées comme le féminisme, le changement du rôle du gouvernement en État providence et la prise en charge de l'économie du Québec par les Québécois. Au cours de cette décennie, l'Exposition universelle de 1967 suscitera l'engouement pour les autres cultures et servira de vitrine à de nombreux visiteurs étrangers qui décideront d'immigrer dans cette société jeune et pleine de promesses. Les arts et la culture, surtout la littérature et la musique, auront une influence sans précédent sur les caractéristiques de cette génération, comme nous le verrons plus loin.

Cette description, loin d'être exhaustive, démontre à quel point la société dans laquelle les baby-boomers ont grandi, jusqu'à leur arrivée sur le marché du travail, a été unique et déterminante, et a fait en sorte que les aspirations des jeunes, hommes et femmes, se sont différenciés énormément de celles de leurs parents. La fin des années 1950 ainsi que les années 1960 et 1970 seront sous le signe de la liberté, de la modernité et des possibilités.

CARACTÉRISTIQUES DES BABY-BOOMERS

Besoin de liberté

Le besoin de liberté et d'affranchissement des anciennes règles de vie dictées par l'Église est au cœur des préoccupations des baby-boomers de la première moitié de la cohorte. Influencés par la littérature beatnik qui chante les vertus de la liberté et de la découverte, ils chercheront tout au long de leur vie à contrôler leur destin. Les baby-boomers pourront choisir leur avenir, leur métier, le mariage ou le célibat, le nombre d'enfants qu'ils auront, la vie urbaine ou rurale. Ils pourront même choisir de repousser les obligations et les responsabilités liées à l'âge adulte pour profiter de la vie au maximum. Cette nouvelle liberté est le fruit des batailles de leurs parents et de la conjoncture favorable de l'époque. Elle permettra les avancées du mouvement féministe et l'arrivée, en 1960, de la pilule contraceptive qui, à elle seule, marquera la fin de l'emprise de l'Église et de la société sur la sexualité, les relations de couple et la vie des femmes. Les baby-boomers forment une génération éprise de liberté, qui a grandi dans une société qui n'est plus basée sur le sacrifice, mais sur le libre choix.

Optimisme

Les baby-boomers ont une vision de la société fondamentalement diffé-rente des traditionnels. Ils croient en l'avenir, ont une attitude positive et ne se préparent pas à la catastrophe. Les inquiétudes, c'est du passé. Comme le dit la chanson, « c'est le début d'un temps nouveau ». Plus éduqués, curieux, ayant grandi avec les médias qui les ont divertis et informés, ils ont confiance en eux et croient en leur capacité de changer les choses, seuls ou en groupe. Leur nombre imposant leur confère une force de frappe unique et beaucoup d'influence.

Idéalisme

Les idéaux des baby-boomers sont nobles et romantiques. Ils sont paci-fistes, égalitaires et ouverts à l'expérimentation. Ils se sentent investis d'une mission, celle de créer une nouvelle société à leur image. Malheureusement, tous leurs idéaux de jeunesse ne se sont pas matérialisés. Certains baby-boomers sont donc, à l'aube de la retraite, amers et déçus de la politique et des mouvements sociaux qu'ils ont créés et en qui ils ont fondé beaucoup d'espoir. Ils rêvaient d'une société plus juste et moins sclérosée, aux valeurs humanistes et ouvertes à la différence, et leur arrivée a été perçue, par les générations précédentes, comme une bouffée d'air frais faisant table rase des années de difficultés économiques, de guerre et de pessimisme.

Engagement social

Pour les baby-boomers, changer la société passe par l'engagement. Jeunes, ils ont fait partie des mouvements scouts ou à connotation reli-gieuse ou humanitaire. Une fois adultes, ils s'engagent dans les associations étudiantes, les mouvements politiques, les regroupements de travailleurs et les syndicats. L'engagement dans les ordres religieux a fait place à l'enga-gement social ainsi qu'à la défense et à la promotion de leurs valeurs, et à l'atteinte de leurs idéaux. Ils ont créé, particulièrement dans les années 1960 et 1970, des mouvements à leur image, démocratiques et très bien struc-turés, qui véhiculeront leurs valeurs : Centre d'animation pour le service outre-mer (CASO), Rallye tiers-monde, Agence canadienne du dévelop-pement international (ACDI), Katimavik, etc. ; sans parler de la fondation de mouvements politiques indépendantistes. Ils se regrouperont dans des collectifs d'écriture, fonderont des journaux, des magazines et des maisons d'édition. Ils publieront des manifestes, de la poésie engagée, des pièces de théâtre percutantes. Les baby-boomers ne se contentent pas d'être des spectateurs, ce sont des acteurs. Ils aiment les rassemblements et les comités, se regroupent par affinité ou par nécessité, pour augmenter l'efficacité de leur force de frappe. Ils croient en eux, mais surtout au pouvoir de l'action collective. Travailler en équipe est pour eux naturel, ils cherchent toujours à se regrouper, à partager, à s'épauler, ce qui ne les empêche pas d'être également compétitifs et centrés sur eux-mêmes!

Sens critique

Les baby-boomers aiment critiquer, remettre en question, défier l'ordre établi. Par principe ou par plaisir, ils ont besoin de tout mettre à leur main. Il faut que l'idée ou le projet leur ressemble, qu'ils collent à leur personnalité. Ils détestent l'uniformité, le *one size fits all*. Habitués à argumenter, ils acceptent rarement une idée du premier coup. Pour faire accepter une proposition à un baby-boomer, mieux vaut se préparer, avoir des données, des chiffres, de la logique et de la passion. Les objectifs doivent être clairs et il ne faut pas avoir peur d'être jugé. Le baby-boomer aime contester, cela fait partie de son ADN; c'est pour lui une forme d'engagement, un exercice démocratique qui lui donne l'impression qu'il a du pouvoir sur ce qui l'entoure.

Compétitivité, travail et ambition

Ils sont des milliers à vouloir sensiblement la même chose, à partager les mêmes idéaux et les mêmes objectifs. Pour réussir à se tailler une place, ils devront jouer du coude. Ils sont des centaines à convoiter une place à l'université, un travail ou une promotion. Ils croient au travail collectif, mais pas au prix d'ignorer leurs ambitions personnelles. Les baby-boomers veulent réussir. Ils sont ambitieux et veulent dépasser les succès de leurs parents. La réussite sociale est importante et ils y mettent les efforts nécessaires. Ils ne comptent pas les heures, travaillant le soir et les fins de semaine, s'inscrivant à des formations, participant à des congrès, faisant du réseautage pour «se placer les pieds». Pour une majorité de baby-boomers, la réussite professionnelle est prioritaire et passe avant la famille et les enfants. Certains feront des heures supplémentaires pour gravir les échelons, alors que les autres, victimes des crises économiques des années 1980, mettront les bouchées doubles pour obtenir un poste permanent. Pour plusieurs, la réussite de la carrière est synonyme d'une meilleure qualité de vie.

La réussite professionnelle permet de se réaliser, d'augmenter son niveau de vie et de consommer. Cette génération est la première à avoir grandi dans la société de consommation de masse. Là où leurs parents épargnaient, ils dépensent. On ne peut les blâmer, les salaires sont meilleurs, les produits et les occasions se sont multipliés. Le marketing est entré en scène et on n'achète plus seulement par besoin, mais par plaisir. Avec le baby-boomer, c'est tout ou rien. Travaillant, résilient, il sait se relever après une épreuve, car son idéalisme le porte. Il déteste la paresse tout autant que les gens qui se plaignent, et il croit que ce qui nous arrive est le fruit de nos actions. Pour de nombreux baby-boomers, toutefois, la spirale travail, ambition, réussite et consommation finit, une fois la cinquantaine arrivée, par se transformer en brûlures d'estomac, épuisement professionnel, dépression et crise cardiaque.

Recherche de la gratification personnelle

Lorsqu'un traditionnel faisait face à un choix de vie, ce qui arrivait rarement, il se posait la question suivante : quel impact aura cette décision sur ma famille ? Lorsqu'un baby-boomer se retrouve dans la même situation, ce qui arrive très souvent, il se demande ce que cela lui apportera à lui. La recherche de gratification personnelle, autrefois presque un péché, est au cœur des actions des baby-boomers. Et le plus vite est le mieux ! Là où le traditionnel était patient et prudent, le baby-boomer est pressé et prend des risques. Plus question d'attendre la retraite pour se payer du bon temps. Le plaisir, il le veut maintenant. D'ailleurs, il travaille assez fort pour ça ! Qu'est-ce que cette décision va lui apporter ? Plus d'argent ? Un statut plus intéressant ? Plus de défis ? Plus de temps de loisirs ? Il faut que cela rapporte, et tant pis s'il y a des conséquences désagréables chez les autres. Ils comprendront, ils connaissent ses objectifs de vie. Le travail devient ennuyeux, la vie de couple est insatisfaisante : hop ! il change d'employeur et de conjoint. La voiture ou le dernier gadget à la mode ne l'amuse plus : il change de modèle. Le quartier ne correspond plus à son statut social, il déménage. Les baby-boomers se lassent vite et ont toujours besoin de nouveauté, de stimulation. Ils ne sont pas toujours prêts à attendre, ils préfèrent acheter maintenant et payer plus tard. Il existe bien entendu des baby-boomers prévoyants et prudents. Ils ont prévu de laisser à leurs enfants un bel héritage qu'ils ont tendance à partager de leur vivant. Ceux qui ont pu compter sur de bons programmes d'avantages sociaux alors qu'ils travaillaient ont investi massivement dans leur retraite et en retirent maintenant les bénéfices, fort heureusement ! Cependant, d'autres, moins chanceux, se voient aujourd'hui dans l'obligation de travailler plus longtemps que prévu afin de maintenir le niveau de vie élevé auquel ils se sont habitués. Consommateurs pour le statut et le plaisir, ayant été peu enclins à faire des sacrifices, ils se demandent aujourd'hui où est passé le fruit de leur travail acharné.

Quête perpétuelle du bien-être

«Docteur, aidez-moi, je suis perdu!» Les baby-boomers s'interrogent, beaucoup, souvent et depuis longtemps. Ils se demandent qui ils sont, quelle est leur place, quel est le sens de la vie, de leur vie. Ils s'interrogent sur le bonheur: qu'est-il, comment le trouver, comment le garder? À vrai dire, c'est peut-être la première génération qui essaie de le définir et de faire des choix en fonction de sa quête. Les générations précédentes n'avaient pas le temps de s'interroger sur le bonheur, trop occupées à survivre, à nourrir la famille, à gagner leur vie. Le bonheur était une conséquence, une question de chance, une réalité dont on prenait conscience à la fin de sa vie. Les années 1960 et 1970 sont l'ère du Verseau, des thérapies et des démarches de toutes sortes, ce qui donne aux baby-boomers les outils pour se concentrer sur cette tâche complexe et infinie. Il existe donc une tranche de baby-boomers qui, durant une bonne partie de la trentaine, ont rencontré un thérapeute, entrepris une démarche personnelle, exprimé leurs doutes et espéré en sortir grandis, avec des réponses. Ils ont essayé les drogues pour faciliter l'introspection ou au contraire échapper à tous ces questionnements cycliques comme les saisons. Malheureusement, certaines réponses ont suscité d'autres questions. Dans la quarantaine, encore une fois troublés par des questionnements et des problèmes irrésolus, plusieurs baby-boomers se sont tournés vers les religions et philosophies orientales: bouddhisme zen, yoga, méditation transcendantale. Bon! Cela devrait être réglé... mais pas tout à fait. Dans la cinquantaine, au sommet de la carrière, avec derrière soi des couples qui n'ont pas toujours réussi à tenir le coup, des enfants qu'on a pas vus grandir en raison des semaines de travail de 60 heures et une certaine fatigue, d'autres questions reviennent. A-t-on fait les bons choix? Cela en valait-il la peine? Sur le chemin de Compostelle, se sentant à nouveau comme au temps de leur jeunesse (maux de genou en plus), ils tentent, une fois encore, de donner un sens à leur vie. Certains finissent par devenir eux-mêmes accompagnateurs ou thérapeutes, porte-étendards d'une nouvelle philosophie combinant le religieux, le spirituel, la nourriture biologique et les soins du corps.

Toujours à la recherche d'expériences nouvelles, de réponses plus claires et de *trips* originaux, il est clair que les baby-boomers demeurent influencés par la contre-culture et les propositions extérieures aux courants principaux. Doutant de la médecine traditionnelle, avec un petit reste de «retour à la terre», ils s'intéressent aux médecines douces, aux aliments naturels et aux professionnels de la santé physique et psychologique formés en Orient. Leur bien-être est une priorité; leur corps, un temple. On le fait masser en sirotant un verre de bordeaux (pour les antioxydants), l'ancien bar du sous-sol est transformé en salle de Pilates pour lui redonner souplesse et concentration, on jeûne et fait des cures pour évacuer les toxines. La gestion du stress est une priorité, on s'entoure de personnes ayant une «belle énergie», on lit des bouquins qui enseignent la méditation et on voyage pour se retrouver. Être un baby-boomer, c'est de l'ouvrage, surtout lorsque la carrière a sapé notre énergie, affaibli notre muscle cardiaque, augmenté la pression et le mauvais cholestérol. L'industrie de la remise en forme n'a jamais été aussi… en forme !

Désengagement affectif

Première génération de divorcés nombreux et de couples non mariés, les baby-boomers n'ont pas la même vision de la famille que leurs parents. Elle n'est plus sacrée, mais nucléaire ou éclatée, reconstituée ou absente ; c'est un style de vie et non une institution. Le couple traditionnel existe de moins en moins, et ceux qui sont toujours ensemble après 30 ans ou plus sont rares et vénérés.

Les maisons sont plus grandes, les enfants ne couchent plus à trois dans la même chambre et chacun est un peu plus dans sa bulle. Bien entendu, la réussite financière sera appréciée de tous (des vacances au chalet, des voyages à l'étranger, une maison confortable), mais elle a un prix. Les absences répétées, une carrière stressante, la carte de crédit surutilisée ne satisfont pas complètement les baby-boomers. Fidèles à eux-mêmes, ils s'interrogent, tentent des expériences (le mariage «ouvert», vous vous en souvenez?), essaieront de réinventer le couple, feront des thérapies à deux ou des retraites fermées pour essayer de recoller les morceaux. Alors que les générations précédentes, encouragées par l'Église, tenaient le coup, mettaient «de l'eau dans leur vin» et faisaient des sacrifices lors des moments difficiles, les baby-boomers, cherchant la gratification immédiate, iront voir ailleurs. Ils font une pause dans leur couple, se sépareront à l'amiable ou divorceront pour fonder une nouvelle famille à l'aube de la cinquantaine. Bien entendu, il existe encore des baby-boomers dont le couple original est intact, mais l'augmentation fulgurante des divorces dans les années 1970, 1980 et 1990 démontre bien que l'institution d'antan n'est plus aussi solide.

Refus de vieillir

Le quinquagénaire au crâne dégarni, en jeans et t-shirt, roulant au volant d'une rutilante décapotable au son des Rolling Stones est-il un mythe ou un clin d'œil sur fond de vérité? Une chose est certaine, les baby-boomers tiennent la jeunesse en haute estime. Ils ont redéfini l'adolescence et l'âge adulte, et ils semblent vouloir faire de même avec la vieillesse, car, pour eux, la jeunesse n'est pas une question d'âge, mais un état d'esprit. Il est vrai qu'ils ont eu une jeunesse sur mesure. Avec une musique – le rock'n'roll – et une mode vestimentaire créées juste pour eux, ou encore avec des films et des héros d'un nouveau genre (exit les personnages au passé militaire, on assiste à l'arrivée des vedettes du sport, de la science, des arts ou de la politique, qu'on pense à Jean Béliveau, Youri Gagarine, Hubert Aquin ou Gandhi), les baby-boomers ont vécu une jeunesse riche et stimulante. Pourquoi y renoncer?

Papa écoute la même musique que ses enfants, maman s'habille dans les mêmes boutiques que son ado. Tous les deux achètent des billets pour aller voir U2 au Forum, pardon, au Centre Bell. Après le travail, ils se retrouvent au cinq à sept où, comme au temps de leur jeunesse, ils critiquent et commentent l'actualité, et refont le monde. Non seulement ils se remettent en forme pour conserver leur proverbiale énergie, mais aussi pour conserver une apparence jeune. Quand les exercices ne sont pas suffisants, ils courent chez l'esthéticienne ou le chirurgien plasticien pour atténuer les rides ou recevoir une greffe de cheveux. Si les baby-boomers ne sont pas tous obsédés par leur image et que plusieurs n'ont pas peur de vieillir, la plupart semblent persuadés qu'ils sont encore jeunes, à défaut de le paraître. Ayant tout mis en œuvre pour contrôler les naissances, ils semblent maintenant déterminés à maîtriser le vieillissement et la mort. La retraite dont ils rêvent n'est pas faite de repos et de parties de cartes à la résidence pour personnes âgées, mais de voyages et de soupers gastronomiques au condo, de cours de guitare électrique et de bénévolat pour un organisme humanitaire international. Les traditionnels étaient vieux dans leur jeunesse, les baby-boomers sont jeunes dans leur vieillesse.

Désirés, nombreux, ayant grandi durant une période prospère et optimiste, les baby-boomers ont eu et ont encore un impact retentissant. Encore aux commandes des grandes entreprises et du pouvoir politique, dominant de grands pans de la société, leur influence ne cesse de se faire sentir. Toujours en quête de reconnaissance et cherchant plus que jamais à se distinguer des traditionnels comme de la génération X qui les suit, les baby-boomers voient venir la fin de leur règne avec un mélange d'excitation face aux possibilités que l'avenir leur réserve et d'obstination à ne pas vouloir que le *trip* finisse. Ils ont encore des choses à dire et à faire. Lorsqu'on a été le centre d'attraction pendant 50 ans, on n'a pas le goût de quitter les projecteurs.

L'arrivée des baby-boomers a changé profondément les valeurs de la société contemporaine. Peu de générations pourront en dire autant, sauf, peut-être, la génération actuelle.

LES BABY-BOOMERS EN UN COUP D'ŒIL

Caractéristiques et valeurs des baby-boomers	
• Besoin de liberté	• Compétivité, travail et ambition
• Optimisme	• Recherche de la gratification personelle
• Idéalisme	• Quête perpétuelle du bien-être
• Engagement social	• Désengagement affectif
• Sens critique	• Refus de vieillir

LE PARENT BABY-BOOMER

Comme nous l'avons mentionné précédemment, la famille et les enfants ne sont pas toujours la priorité de cette génération, les besoins de la carrière prenant le dessus. Conséquemment, les baby-boomers, champions de la régulation des naissances, choisiront d'avoir moins d'enfants, et de les avoir plus tard. Les deux conjoints travaillent et n'ont pas abandonné leurs ambitions professionnelles lorsqu'ils sont devenus parents.

On observe deux styles de parents : les démocrates qui organisent des conseils de famille, demandent l'opinion et passent au vote ; et ceux qui sont plutôt désengagés, accordant la priorité à l'autonomie rapide des enfants. Ils engendreront les enfants « avec la clef dans le cou ». Les parents feront moins de sacrifices pour leurs enfants, qui devront s'intégrer à leur vie, pas l'inverse. D'ailleurs, il n'est pas rare de les entendre dire qu'avoir des enfants ne changera pas leur vie. Ils les aiment, bien entendu, mais favoriseront le « temps de qualité » plutôt que la quantité.

Se sentant coupables à l'occasion de ne pas leur consacrer beaucoup de temps, les baby-boomers qui ont réussi comblent leurs petits de jouets, les inscrivent au camp d'été, et se réconfortent en songeant qu'ils peuvent les gâter ainsi, grâce à leur travail soutenu et à leur gros salaire.

Fait complètement nouveau, il est de moins en moins rare de voir des parents, en pleine crise existentielle, conjugale ou professionnelle, décider tout de go qu'à partir de 18 ans les enfants ne sont plus de leur responsabilité. Alors que de nombreux parents traditionnels ont tout fait pour aider les baby-boomers à poursuivre leurs études et s'établir, les années 1990 verront défiler dans les cégeps et les universités des jeunes que les parents ne soutiennent plus financièrement bien qu'ils en aient les moyens. Obligés de s'en remettre aux tribunaux pour avoir droit aux prêts et bourses, ces jeunes réaliseront qu'à l'occasion, ce sont leurs propres parents qui agissent comme des enfants, avec égoïsme et égocentrisme, ne voulant se priver de rien.

Étonnamment, les hommes baby-boomers peuvent changer leur fusil d'épaule lorsqu'ils élèvent les enfants de leur seconde famille, souvent issue d'une union avec une conjointe plus jeune. Il n'est pas rare de voir des baby-boomers parents à la fois d'enfants de 3 ans et de 35 ans, avec une conjointe de l'âge de leur propre fille. Pour ne pas rater cette seconde chance, ils réduisent les heures de travail, font les allers-retours à la garderie et ne manquent jamais un concert de piano ou un match de soccer.

Les parents baby-boomers mettront au monde des enfants autonomes, gâtés et éduqués, mais quelquefois ignorés, ballottés d'une famille à l'autre. Beaucoup se réhabiliteront, et leurs enfants se surprendront à les voir s'impliquer intensément auprès de leurs petits-enfants en redéfinissant l'image et le rôle des grands-parents… mais des grands-parents jeunes et dynamiques, bien sûr!

LA GÉNÉRATION X (1965-1981)

Les sceptiques seront confondus!

X comme inexistant, sans personnalité, inintéressant. Comment peut-on nommer une génération complète d'hommes et de femmes avec une lettre pareille et penser qu'ils ne nous en tiendront pas rigueur?

Ignorés, d'un poids démocratique beaucoup moins important que celui des baby-boomers, solitaires et inquiets, les X, qu'on appelle aussi parfois la «génération sacrifiée», se distinguent eux aussi de leurs prédécesseurs. À l'image des enfants sandwichs, nés entre le grand frère qui fait la fierté des parents et le bébé de la famille, un peu chouchou, les X ont souvent été oubliés, négligés. Ils se définissent au fur et à mesure des événements de leur vie, ce qui rend plus difficile la caractérisation de l'ensemble de la génération, d'autant plus que les X détestent les étiquettes.

CONTEXTE SOCIOÉCONOMIQUE

Étonnamment, le contexte dans lequel les X ont intégré la vie adulte a des similitudes avec celui de leurs grands-parents. La situation n'est pas idéale, à plus d'un point de vue. Économiquement, les décennies 1980-1990 sont à tout le moins turbulentes. Récession en 1980-1981, suivie en 1982 de la perte au Québec de 67 000 emplois en un an, propulsant le taux de chômage à 11,5 %[7]. Selon l'économiste Pierre Fortin[8], 1982 est l'apocalypse de l'emploi au Québec. En 1987, c'est le krach, le plus important après celui de 1929. Bien que le chômage diminue par la suite, il remonte de nouveau de 1990 à 1994.

Statistique Canada rend compte de taux d'intérêt faramineux, allant jusqu'à 21 %. Pour les X, fraîchement diplômés, les dettes d'études à fort taux d'intérêt se remboursent au compte-gouttes ou mènent à la faillite, et trouver un emploi stable dans son domaine d'études est un véritable parcours du

---

[7.] Statistique Canada. *Données historiques des taux d'intérêt*, http://www.bankofcanada.ca/wp-content/uploads/2010/09/selected_historical_page1_2_3.pdf.

[8.] FORTIN, Pierre. *Cahier de recherche, n° 20-15*, Université du Québec à Montréal, juillet 2002.

combattant. Les baby-boomers, peu habitués à partager la scène, n'ont aucun intérêt à leur faire de la place et à les intégrer. Ils font tout pour conserver leurs acquis, s'accrochant à leurs postes et offrant de maigres contrats sans bénéfices. L'économie est en piètre état, et la TPS et la TVQ font leur entrée, alourdissant encore les factures. Le milieu politique n'est pas en reste : de 1970 à 1983, on assiste à quatre confrontations entre le gouvernement provincial et différents syndicats des secteurs public et parapublic (1971-1972 avec la CEQ et la FTQ, la fonction publique en 1976, les employés de l'État en 1979 et tout le secteur public en 1982-1983). Ajoutez à cela le référendum de 1980, qui apporte autant d'espoir que de déception, l'augmentation de la violence avec les fusillades de l'Assemblée nationale en 1984 et de Polytechnique en 1989, la crise d'Oka en 1990, et vous obtenez un climat sociopolitique morose et déprimant. Les conditions climatiques et la couche d'ozone se détériorent, le déluge au Saguenay, en 1996, et la tempête de verglas, en 1998, sèment l'inquiétude et coûtent une fortune aux citoyens et à l'État. Ce n'est pas plus reluisant à l'international : apparition du virus Ebola (1976), famine en Éthiopie (1984-1985), échouement de l'*Exxon Valdez* (1989), guerre du Golfe (1990-1991), guerre en Bosnie (1992), génocide au Rwanda (1994), et épidémie en Ouganda (2000).

Pour les X qui s'accrochent, il y a tout de même un mince espoir alors que surviennent la chute du mur de Berlin en 1989 et celle de l'Union soviétique deux ans plus tard, mais c'est le développement des technologies qui les marquera le plus. Au Québec, les foyers verront apparaître en quelques années seulement les ordinateurs personnels, les consoles de jeu, la disquette et le disque compact, le baladeur, les magnétoscopes et le téléphone cellulaire. Les changements occasionnés par la technologie sont importants et marquent une coupure très nette avec ce qu'ont connu les générations précédentes. Plusieurs X n'ont jamais utilisé de façon hebdomadaire les comptoirs des banques et ne connaissent pratiquement que les guichets automatiques qui feront leur apparition en 1980. Ils auront plus de disques compacts que de vinyles et, pour la première fois, auront l'impression que la société commence à leur ressembler.

Du point de vue social, les années 1970 à 1990 sont également en mutation. L'arrivée du sida changera pour toujours les rapports sexuels. La liberté et la spontanéité qu'ont connues les baby-boomers sont révolues. Il faut maintenant avoir des rapports sexuels protégés et passer des tests. Les familles qui divorcent sont en augmentation constante. En 1965, le taux de divortialité était en moyenne de 8,8 %[9]; en 1985, il était passé à 35,8 %, et deux ans plus tard à 51 %. De toute évidence, la perte d'influence du religieux au profit de la recherche du plaisir amorcée avec les baby-boomers se poursuit, et la société passe du nous au moi avec encore plus de force.

CARACTÉRISTIQUES DES X

Cynisme

Même si les X n'aiment pas les étiquettes, il est difficile d'ignorer cette caractéristique omniprésente: le cynisme. Pouvons-nous les blâmer? Très tôt, ils réaliseront que, contrairement aux baby-boomers, ils ne pourront pas se fier au système, aux institutions, à la société et même aux individus en autorité pour garantir leur avenir. Leurs parents ayant été souvent absents, ils ont dû apprendre à se débrouiller seuls, à la maison comme dans leurs études. Lorsqu'ils sont arrivés sur le marché du travail, toutes les portes étaient fermées. C'est la génération des petits contrats, renouvelés ou non, qui seront leur mode de vie pendant 5, 10, 15 ans avant de pouvoir accéder à un poste régulier. Leurs conditions de travail sont inférieures à celles des baby-boomers, leur filet de sécurité fragilisé ou carrément inexistant. Les règles changent. Il devient plus difficile d'obtenir de l'assurance-emploi ou de l'aide sociale, et l'on assiste à l'apparition des clauses d'antériorité (clauses grand-père) dans les conventions collectives. La permanence prendra quelques années de plus pour les X que pour les employés déjà en poste, les régimes d'assurances seront revus à la baisse, et certains avantages, comme l'élimination des frais de scolarité pour les enfants de certains employés d'universités, disparaîtront.

Scepticisme

Nous sommes dans l'ère du chacun pour soi. Résultat: les X ne font confiance ni aux politiciens, ni aux patrons, ni aux collègues de travail. Ils ne croient pas aux promesses ni aux motivations de leurs dirigeants. Ayant grandi dans une société où les médias prennent de plus en plus de place, ils se méfient également des communicateurs, des faiseurs d'image et des entreprises de marketing. Certains auront tendance à croire aux conspirations, aux données cachées, aux complots. Ce manque de confiance peut

---

9. Institut de la statistique du Québec. *Registre des naissances*, http://www.stat.gouv.qc.ca/donstat/societe/demographie/naisn_deces/naissance/401.htm.

se manifester pour certains par le militantisme syndical, une façon de surveiller l'autorité; pour d'autres, ce sera par le désengagement politique. Peu enclins à joindre un parti, doutant de l'honnêteté des candidats, cyniques face au processus, ils refusent de voter, mais critiquent à qui mieux mieux sur leurs blogues les décisions des politiciens. Les X détestent la politique et le politique, et ils ont de la difficulté à travailler dans une organisation où il y a de nombreux niveaux de hiérarchie et de pouvoir. Ils n'aiment pas «jouer le jeu», se faire du capital politique, négocier et utiliser les règles du pouvoir. Ils préfèrent plutôt les ignorer que de comprendre et accepter le système et apprendre à l'exploiter.

Même une fois adultes et bien installés dans la vie (ce qui se produira généralement sur le tard), les X demeurent suspicieux des bonnes nouvelles qui leur arrivent. À leurs yeux, l'avenir appartient toujours aux baby-boomers qui ne semblent pas enclins à vouloir partager leur bonne fortune avec eux.

Compétences technologiques

Les X ne peuvent se fier aux autres, ils ne se fient qu'à eux-mêmes pour atteindre leurs objectifs. Ayant grandi dans les réformes scolaires de 1977 à 1996 avec les livres vert, blanc, orange, l'approche par compétences, la réforme pédagogique et les États généraux de 1986, 1995 et 1996, les X ont été de véritables cobayes pour notre système d'éducation.

Selon leur âge, ils ont appris le français au son et comment s'autoévaluer, ont dû s'adapter aux changements de finalités et de valeurs au gré des différentes réformes et des demandes des syndicats de professeurs et de chercheurs du ministère de l'Éducation. Ils ont parlé plus qu'écrit, exploitant leur aptitude pour les présentations orales. Leur plus grand avantage sur les autres générations est le rapport facile qu'ils ont développé avec les nouvelles technologies. Première génération à vraiment utiliser les ordinateurs, les X n'ont pas de blocage comme certains collègues plus âgés, et cette compétence les aide à enfin intégrer le marché du travail. Avant l'avènement des techniciens attitrés, c'étaient les X qui pouvaient «déboguer» l'ordinateur du patron, brancher le projecteur et préparer une présentation PowerPoint.

Compétences professionnelles

Les X ont rapidement réalisé que pour atteindre leurs objectifs personnels et professionnels, ils devaient miser sur leurs compétences, ce qu'ils respectent par-dessus tout. Ils sont curieux des nouveautés dans leur domaine, savent utiliser les dernières technologies, imaginent des techniques de travail efficaces, sont à l'affût des nouveaux besoins du marché du travail et acquièrent des habiletés connexes, comme la connaissance des langues étrangères. Une fois sur le marché du travail, ils sont friands des formations à temps partiel, par Internet ou en sessions intensives, et ils accumulent les diplômes et certificats. Seul le développement de leurs compétences leur donne un sentiment de sécurité et de contrôle.

Autonomie et indépendance

Une enfance différente dans une société peu accueillante a favorisé chez les X, autonomie et indépendance. Malgré ou plutôt à cause de l'éducation qu'ils ont reçue, les X ont élaboré des méthodes pour travailler seuls sans supervision (les parents n'étaient pas toujours là pour les devoirs), des façons de s'adapter aux changements et des moyens pour obtenir les informations qu'ils désirent.

Peu habitués à demander la permission puisque leurs parents étaient assez permissifs, ne faisant pas confiance à l'autorité, compétents et travaillants, les X sont les champions du travail autonome. Ils n'ont pas eu le choix direz-vous, et c'est vrai. Chez les plus vieux X, les contrats furent longtemps l'unique moyen d'assurer la survie. Chez les plus jeunes, cependant, on assiste à la conception d'une autre façon de travailler. Le X, c'est une petite entreprise en soi. Son savoir-faire lui garantit son indépendance. Il veut choisir ses collègues, ses clients, ses mandats, réglant ainsi le problème de confiance. Pas besoin de lui répéter ce qu'il a à faire, il est très organisé. Il ne veut pas créer une grosse entreprise qui fera partie du *Fortune 500* ou être nommé gestionnaire de l'année, même si cela peut arriver, bien sûr. Il veut surtout se donner une marge de manœuvre et dépendre de moins de personnes possibles afin de ne pas se faire avoir.

Le plan B comme spécialité

Les X sont les spécialistes de l'organisation, de la gestion d'horaires complexes, du multitâche. Ils sont fiables et structurés. Mais par-dessus tout, ils sont les spécialistes du plan B. Ils sont prêts à la catastrophe et sont rarement pris de court. Ils se préparent rigoureusement, évaluant les options, planifiant leurs finances, faisant des plans. Les baby-boomers vivaient le moment présent tout en planifiant leur avenir. Les X se méfient du présent et planifient à moyen terme. Par exemple, sceptiques quant à la reprise réelle de l'économie, ils sont persuadés qu'ils seront les premiers à devoir quitter l'entreprise parce qu'ils auront moins de protection que les autres car pas question d'attendre que le couperet tombe, ils partiront avant!

Leur message est clair: «Je ne fais confiance à personne et je contrôle mon destin. J'ai un plan B que je ne partage pas nécessairement avec les autres. Si je dois quitter mon emploi, j'ai déjà prévu plusieurs options. Par exemple, j'ai demandé à recevoir de la documentation sur un programme d'études qui m'intéresse; je n'ai qu'à remplir le formulaire. J'appellerai un ancien collègue d'université avec qui je suis demeuré en contact et qui travaille pour une entreprise qui m'attire. J'irai voir du côté de cette ville d'Allemagne où nous avons passé nos dernières vacances et qui, selon les recherches faites sur place et sur Internet, offre des possibilités intéressantes. Mon curriculum vitæ est constamment à jour. Je suis abonné depuis des années Aux sites Internet sur l'emploi et je lis la section "Carrières et professions" de mon journal toutes les semaines. Je renouvelle constamment mes connaissances, j'assiste à des formations de perfectionnement chaque année. Je suis prêt!» Tel un ancien vendeur itinérant, le X a toujours un pied dans la porte, pas nécessairement pour entrer, mais plutôt pour être prêt à sortir…

À l'instar de sa vie professionnelle, le X cherche sa voie dans sa vie personnelle. Prudent, rationnel et farouchement indépendant, il saura sauver sa peau lorsque les difficultés s'acharneront sur lui. Comme son grand-père traditionnel avant lui, il est prêt. La génération X a une mentalité de survivante.

Conscience planétaire

Les X sont la première génération possédant une conscience planétaire. Ils ont beaucoup voyagé, ont grandi avec l'immigration, ont eu accès à des médias d'information continue qui leur ont offert une vitrine sur ce qui se passait partout dans le monde. Certains X en milieu urbain côtoyaient à la garderie des copains haïtiens, vietnamiens ou libanais. Ils ont participé à des échanges culturels au secondaire et au cégep, ils écoutent de la musique sud-africaine, du reggae jamaïcain, de la salsa latino-américaine et du rap new-yorkais. Ils mangent des sushis, du ceviche et boivent du vin espagnol. Le plan B pourrait s'exécuter sur un autre continent, ils sont des citoyens du monde. Ouverts à la diversité sous toutes ses formes, les X se sentent à l'aise partout.

Des battants

Perdue, la génération X? Non, c'est une génération de battants, et pas seulement au début de leur vie d'adulte : ils ont parfois l'impression que plus ils cheminent dans la vie, plus les épreuves s'accumulent. Les périodes de croissance économique sont de plus en plus rares et courtes, celles de récession plus longues et nombreuses. L'État et les syndicats semblent avoir décidé de ne pas tenir compte de leurs besoins et de concentrer leurs politiques sur la sécurisation des conditions de vie des plus vieux ainsi que sur les aspirations des Y, plus nombreux, auxquels ils se fient pour les remplacer. C'est comme si la génération X avait manqué le train des bonnes conditions économiques, des emplois bien rémunérés et comportant de nombreux avantages, et avait plutôt été contrainte de choisir un train rafistolé, qui perd des morceaux en cours de route, et dont on ne connaît pas la destination.

LES X EN UN COUP D'ŒIL

Caractéristiques et valeurs des X	
• Cynisme	• Autonomie et indépendance
• Scepticisme	• Le Plan B comme spécialité
• Compétences technologiques	• Conscience planétaire
• Compétences professionnelles	• Des battants

LE PARENT X, SUPERHÉROS DES TEMPS MODERNES

Le style parental des X est en partie le fruit de leur propre enfance. Beaucoup ont connu les familles séparées ou reconstituées, les valises de fin de semaine, l'adaptation obligatoire à la situation amoureuse des parents ainsi qu'un certain déracinement. Ils cherchent donc le sens familial, la stabilité, la sécurité.

C'est avec l'arrivée de la génération X comme parents que la famille reprend sa place au cœur des priorités de la société.

À partir des années 1990, la société nord-américaine vit une véritable révolution-bébé qui changera de façon dramatique les priorités et la conception de la famille et du travail. Il importe donc d'y consacrer quelques pages afin de mieux comprendre ce que nous vivons aujourd'hui avec les X et les Y. La génération X (et quelques jeunes baby-boomers) sont le moteur de cette petite révolution. Ce sont ses membres qui, une fois adultes, ont redéfini le rôle des parents et la place des enfants dans la société. Être parent, pour la génération X, c'est gagner en statut, en valeur. Être parent, c'est une vocation.

Les enfants, une nécessité

Est-ce à cause des nombreuses récessions, d'un certain pessimisme, de l'augmentation des divorces et de l'éclatement de la famille traditionnelle qu'on assiste à l'apparition du *cocooning* et au besoin de procréer ? Difficile à dire, mais de choix qu'ils étaient pour les baby-boomers, les enfants deviennent pour une large part des X une nécessité. Les baby-boomers ont inventé des moyens contraceptifs efficaces permettant le libre choix. Les X feront l'inverse : ils élaboreront des moyens de procréation pour ceux et celles qui éprouvent des difficultés à concevoir. Fécondation *in vitro*, mères porteuses, adoption internationale : les X feront pression sur l'État afin de légaliser ces différentes options et soutenir les parents dans ce qu'ils considèrent désormais comme un droit.

Ce désir d'enfants fait-il augmenter le nombre de mariages ? Absolument pas. En 1980, le nombre d'enfants nés hors mariage était de 13,8 %[10] ; en 1990, quand beaucoup de X étaient en âge de procréer, il s'élevait à 38,15 %, pour atteindre un faramineux 58,2 % en 2000.

Aucun besoin de se marier ou d'être dans un couple traditionnel. Bien qu'ils rêvent d'une famille unie, solide et plus fonctionnelle que celle qu'ils ont connue, les X croient aussi qu'un bon parent engagé vaut mieux que deux peu disponibles et dont l'union bat de l'aile. Les baby-boomers se réalisaient dans leur travail, les X se réalisent dans leur parentalité. Pour cette

---

[10.] Institut de la statistique du Québec. *Registre des naissances,* http://www.stat.gouv.qc.ca/donstat/societe/demographie/naisn_deces/naissance/401.htm.

génération, le salut passe par les enfants. Elle peut se réfugier auprès d'eux en temps difficiles, espérer qu'ils sauveront la planète, découvriront le remède au cancer et régleront les problèmes environnementaux. Les enfants les aident à retrouver la naïveté et l'optimisme qui leur manquent tant et à recentrer leur vie sur du solide, en lui donnant un sens et en les rapprochant du bonheur.

Les enfants, un projet de société

Non seulement les enfants sont une nécessité pour la génération X, ils deviennent un mouvement de société. D'un commun accord, parents, éducateurs, législateurs unissent leurs ressources afin d'entourer, d'encadrer et de protéger à tout prix les enfants. Tout est mis en place pour ce projet de société, car c'est bien de cela qu'il s'agit. Fini l'individualisme et le repli sur soi, fini l'ambition personnelle au détriment de la famille. Notre survie passe désormais par une société centrée sur ses enfants.

Les médias s'en mêlent. Des livres et des guides sont publiés de façon régulière afin d'aider les parents X à éduquer leurs petits trésors. Les émissions de télévision, les chroniques dans les journaux et les magazines spécialisés se multiplient. Les experts en éducation des enfants deviennent de véritables vedettes dans les médias. De la nutrition au développement cognitif et moteur, du développement de l'estime de soi à la préparation pour la réussite scolaire, la totalité des sujets sont étudiés sous toutes les coutures. Entre les modes et les découvertes scientifiques, les parents X ne savent plus où donner de la tête ni qui croire.

De même, les émissions jeunesse, qui étaient majoritairement du divertissement, deviennent éducatives. Les baby-boomers ont offert *Passe-Partout* à leurs enfants, les X offriront des chaînes spécialisées, des logiciels et des jeux sur Internet, aux objectifs pédagogiques bien précis.

Les entreprises leur emboîtent le pas. Aucun secteur d'activités ne veut manquer le bateau de cette révolution. Hé! si on peut en plus le transformer en argent sonnant! Les menus pour enfants et les repas gratuits dans les restaurants sont de plus en plus fréquents, et il y a aussi de plus en plus de lieux permettant aux enfants de jouer, laissant aux parents quelques minutes entre adultes. Il y a des chariots spéciaux au marché d'alimentation pour les accommoder, des salles à langer et à allaiter sont disponibles dans les aéroports, les magasins, les restaurants et les centres commerciaux. Toutes sortes de produits pour enfants envahissent les tablettes, que ce soit pour les transporter, les coucher, les stimuler, les surveiller et bien entendu les gâter. Les boutiques spécialisées se multiplient. Les enfants ont maintenant leurs propres produits de beauté, et les designers de mode mettent en marché des collections pour enfants à des prix exorbitants. Nouveau symbole de la famille, la minifourgonnette remplace désormais la voiture de sport. La publicité parle peu du moteur et de ses performances : c'est plutôt un enfant de cinq ans qui fait la démonstration que nous pouvons y loger une équipe de soccer entière, y changer des couches, jouer aux cartes et regarder la télévision. L'industrie du voyage n'est pas en reste, les anciens clubs de vacances pour couples font place aux clubs familiaux. Walt Disney World est plus que jamais la destination de choix pour toute la famille.

Les parents sont sous surveillance. Les gestes des parents sont maintenant scrutés, analysés, encadrés afin d'éviter ceux qui pourraient nuire au développement de l'enfant. Des dizaines de lois et de règlements sont mis en place pour protéger les enfants. Normes, interdictions, campagnes de prévention, encadrement et formations : élever des enfants devient une tâche de plus en plus complexe, une tâche lourde de conséquences. Ce qui était une évidence dans le passé est maintenant mis en doute. On découvre des conséquences négatives à des gestes que des milliers de parents traditionnels et baby-boomers ont faits instinctivement, sans la moindre inquiétude. Mettre au monde et élever des enfants n'est plus instinctif et naturel, c'est scientifique.

Les experts publient des études sur les effets néfastes de la télévision, des fusils en plastique, d'Internet, du four à micro-ondes ou du manque d'oméga-3 durant le développement de l'enfant. Les médias reprennent les études, les critiquent ou les approuvent, ajoutant à la confusion. On vante l'efficacité de la multitude de vaccins préventifs offerts et, quelques années plus tard, on met en doute leur sécurité et leur pertinence. L'allaitement maternel devient la nouvelle religion, et les effets néfastes de l'utilisation du biberon dénoncés par d'autres experts inquiètent les mères qui ne peuvent pas allaiter et qui sont rongées par la culpabilité. Il faut maintenant se méfier du lait de vache même s'il a nourri des milliers d'enfants depuis des décennies et opter pour des produits qui n'existaient pas dans notre société il y a quelques années à peine. Les citoyens sont invités à dénoncer les comportements dangereux comme la petite tape sur les fesses ou un ton de voix trop élevé. Trop se coller contre ses enfants peut être douteux, pas assez, dangereux...

La sécurité et la protection des enfants, une obsession

La sécurité et la protection des enfants deviennent une obsession pour l'ensemble de la société. Les autocollants *Bébé à bord* apparaissent sur les voitures pour signifier au véhicule derrière de prendre ses distances afin de protéger la précieuse cargaison. C'est aussi une marque qui prouve l'appartenance à un club sélect. Le système d'alerte Amber est mis en place dans les grandes villes. Des avertissements de danger pour les enfants sont apposés sur tous les produits vendus, allant du risque causé par les emballages de plastique aux petites pièces pouvant être avalées, en passant par les noix, le lactose et le gluten. Les téléviseurs sont maintenant équipés du fameux contrôle parental, et les albums de musique sont munis d'une étiquette avertissant les parents des contenus violents ou sexuellement explicites des chansons. Par mesure de sécurité, les personnes qui s'occupent de près ou de loin des enfants doivent avoir suivi un cours de réanimation cardiorespiratoire et faire l'objet d'une enquête policière.

Le parent X s'informe des dangers potentiels. Pour se faire une idée, il consulte diverses sources, car il se méfie des organismes officiels. Il discute avec d'autres parents et fouille sur Internet ; une fois qu'il a une opinion sur les dangers et leurs solutions, il est très difficile de le faire changer d'avis.

La société est plongée dans une sorte de paranoïa qui entraînera d'une part l'adoption de législations nécessaires et, d'autre part, le développement de comportements positifs en même temps que des exagérations et des concepts frisant parfois le ridicule.

Et comment cela se traduit à la maison ? De nombreux X vivent leur parentalité comme un moment d'extase, un rituel de passage compris des seuls initiés. Leurs amis qui n'ont pas d'enfants « ne pourront pas comprendre ». Ils feront tout en leur pouvoir pour que cet état dure le plus longtemps possible. Des enfants de quatre ans n'ont pas encore dormi seuls dans leur lit, des mères les allaitent jusqu'à ce qu'ils aillent à la garderie, d'où on les éloigne dès le premier éternuement des amis. Contrairement aux X durant leur propre enfance, les seules personnes qui peuvent garder leur progéniture sont les grands-parents. Et encore, l'enfant ne dort pas souvent à l'extérieur de la maison familiale.

L'environnement est aussi sécurisé : escalier, prises de courant, portes d'armoires. Rien n'est laissé au hasard. Il faut éviter la pose de tapis à cause de la colle. Il y a des moniteurs dans le lit de bébé. Et il en va de même pour les activités : des casques, des genouillères et des protecteurs de toutes sortes sont nécessaires pour faire du sport. Les parents doivent avoir sous la main du Benadryl® et de l'écran solaire (protection 90), des sièges d'auto blindés, des poussettes construites comme des tanks. Ils glissent des cellulaires dans les sacs à dos (utiles pour le GPS) et utilisent du savon antibactérien à profusion.

Aller dehors signifie dorénavant «à l'intérieur d'une enceinte clôturée et délimitée» («Je dois te voir de la fenêtre.») ou sous la supervision d'un parent lorsque l'environnement est moins sécuritaire. Au cours des dernières décennies, l'espace extérieur offert aux enfants s'est réduit considérablement. Dans les années 1960, les jeunes pouvaient aller jouer à des kilomètres de la maison sans que personne s'en inquiète. Dans les années 1990, l'espace qui leur est permis représente tout au plus un pâté de maisons. Les enfants des X qui vont chez leurs copains doivent se soumettre à une enquête en règle : quelle est l'adresse de l'ami, à quelle heure il compte arriver, à quelle heure il compte revenir, qui sont les parents, quel est le numéro de téléphone, qui sera présent, y aura-t-il de la supervision ? Les parents préfèrent les conduire en voiture plutôt que de les laisser partir à pied ou à bicyclette. De toute façon, le vélo se pratique sur des pistes cyclables sécuritaires, de préférence en famille.

CARACTÉRISTIQUES DU PARENT X

Les enfants, une priorité

Particulièrement pour les jeunes de la génération X, les enfants ont été désirés et planifiés. Jamais les couples n'ont eu autant de contrôle sur le processus. Ils peuvent décider du moment, du nombre, de la façon d'accoucher et presque du sexe des enfants. Ils les ont eus plus tard que les baby-boomers, soit une fois que les conditions gagnantes étaient réunies : un couple solide, quoique ce ne soit pas toujours nécessaire, des carrières bien établies, des conditions matérielles suffisantes et certains projets personnels réalisés. Quand ils décident d'avoir des enfants, ils sont prêts à beaucoup de renoncement et à se concentrer entièrement à leur nouveau rôle. Les baby-boomers faisaient des compromis et des sacrifices pour leur carrière, les X les feront pour leurs enfants.

Un couple qui attend quatre ou cinq ans avant d'avoir un enfant a le temps de l'imaginer, de le rêver et de se préparer à sa venue. À partir du moment où l'enfant arrive, tout est mis en œuvre pour favoriser son plein potentiel. Les femmes prendront tous les moyens mis à leur disposition durant la grossesse : une alimentation équilibrée, riche en oméga-3, des vitamines, des exercices, l'abstinence d'alcool et de caféine, des séances d'aquaforme et des lectures spécialisées. Les X veulent que leur enfant soit tel qu'il a été imaginé durant toutes ces années d'attente et qu'il soit bien équipé pour survivre dans ce monde dur et méchant. Les attentes sont grandes et la pression le sera d'autant sur l'enfant. Ce n'est pas un enfant ordinaire qui arrive, c'est presque le petit Jésus !

À la grande surprise de quelques féministes, il semble y avoir une augmentation des mères qui désirent demeurer à la maison durant les premières années de la vie de leurs enfants. Non seulement prendront-elles de longs congés de maternité, mais de plus en plus de femmes, si elles le peuvent financièrement, n'hésiteront pas à mettre leur carrière en veilleuse jusqu'à ce que les enfants entrent à l'école.

La priorité, ce sont les enfants. Il ne faut pas que le travail interfère avec les moments passés auprès d'eux. De par leur propre enfance, les X sont très au fait de l'impact négatif que peuvent avoir les ambitions professionnelles sur la vie familiale. Ils seront les premiers à proposer et à exiger des patrons et des syndicats des changements pour atteindre un meilleur équilibre travail-famille. Travaillants et organisés, ils tentent de mener de front une carrière et une vie familiale équilibrées. Grâce à leur pragmatisme et à l'utilisation des technologies, ils abattent une grande quantité de travail sans recourir aussi souvent que les baby-boomers aux heures supplémentaires, qu'ils détestent par ailleurs.

Ils imagineront d'autres façons de travailler, plus en accord avec leurs priorités familiales : temps partagé, télétravail, horaires variables, travail autonome. Contrairement aux baby-boomers pour qui les vies professionnelle et personnelle formaient un tout, les X refusent d'apporter du travail à la maison ou encore les problèmes personnels au travail. Fini le simple temps de qualité avec ses enfants. Dorénavant, il faut également de la quantité. Pour les X, la plus grande réalisation n'est pas d'avoir atteint les sommets dans l'organisation, mais bien d'avoir réussi sa vie de couple et de parent. Pour beaucoup de X, la réussite passera par une vie complètement à l'opposé de celle de leurs parents.

Objectif numéro 1: nourrir l'estime de soi de l'enfant

Dans les années 1960, la croyance populaire dictait qu'un jeune qui « tournait mal » était de la mauvaise graine: « Il est né comme ça. » Dans les années 1980, c'était parce que ses parents ne s'en étaient pas assez occupés. Dans les années 2000, c'est qu'il a un problème d'estime de soi. Le premier rôle du parent X sera de nourrir l'estime de soi de son enfant dès la naissance et de s'assurer qu'il sera gonflé à bloc tout au long de sa vie. Les enfants doivent toujours être fiers d'eux, peu importe leur comportement ou leurs réalisations.

Certaines phrases reviendront comme un mantra: « Tu es spécial. » « Tu es unique. » « Tu es la personne la plus importante pour moi. » « Tu es la personne la plus importante au monde. » « Tu mérites ce qu'il y a de mieux. » « Tu es parfait comme tu es. » « La personne que tu dois aimer le plus, c'est toi. » « La seule personne que tu dois satisfaire, c'est toi. » Ces phrases, dites par les parents et reprises par de nombreux professeurs et spécialistes, constituent le leitmotiv des livres d'éducation destinés aux nouveaux parents. Tout converge pour que les jeunes apprennent que ce que les autres pensent n'a aucune importance. Seule leur propre perception a de la valeur: « L'important, c'est que tu sois fier de toi et que tu t'aimes comme tu es. »

Exit les bulletins chiffrés qui permettent de se comparer et peuvent miner l'estime de soi. Puisque chaque enfant est unique et spécial, le comparer aux autres est non seulement ridicule, mais aussi dangereux pour son ego. Dans les écoles primaires, les énoncés de mission ont maintenant comme objectif de bâtir l'estime de soi, à laquelle ils accordent la même importance qu'apprendre à lire, écrire et compter.

Toutes les réformes et ces nouvelles tendances ont été aussi poussées par les jeunes baby-boomers qui sont en poste dans les différents ministères et qui font la pluie et le beau temps dans les instituts de recherche et les médias. Mais ce sont les X qui, compte tenu de leur propre enfance, leur emboîteront le pas. L'équation est la suivante: lorsque l'enfant a une excellente estime de lui-même, les difficultés n'ont pas d'emprise. Il sera donc heureux, et le parent aura bien rempli son rôle.

Engagés à 100 %

Les parents X sont plus engagés dans les décisions qui ont un impact sur leurs enfants que certains parents baby-boomers. Que se soit pour les activités scolaires ou parascolaires, ils passeront au peigne fin toutes les options, les programmes éducatifs ainsi que les compétences du personnel pour s'assurer que leur enfant a le meilleur, qu'il a ce qu'il mérite. Certains parents X se font les avocats de leurs enfants, les défendant corps et âme et ne doutant jamais de leur innocence. Cela pose de jolis problèmes au personnel enseignant qui est témoin d'un tout autre comportement. Les X, sceptiques et ne faisant pas confiance, mettent en doute la parole des professeurs lorsqu'ils critiquent ou, pire encore, punissent leur enfant. De toute évidence, l'enseignant n'a pas compris que leur enfant est spécial. S'il a des difficultés, c'est que le professeur n'a pas réussi à s'adapter à ses besoins. Il s'agit d'une tendance des parents surimpliqués, qui remettent en question tous les gestes des professeurs et de la direction d'école, et qui ont de la difficulté à accepter que leur enfant a fait quelque chose de répréhensible.

Cette situation se présente régulièrement dans les établissements scolaires, à tous les niveaux. Omniprésent et utilisant son pouvoir, le parent X est en mission : celle de défendre son enfant. Il prend son rôle très au sérieux et n'y voit pas de fin.

Toutes les activités parascolaires sont des occasions d'apprendre : la vie en équipe et le développement d'aptitudes physiques par le sport, la discipline et la sensibilité par la musique, l'ouverture sur le monde par l'apprentissage des langues, les aptitudes scientifiques par les camps de vacances thématiques et les regroupements environnementaux, le leadership par le mouvement scout. Le parent X planifie non seulement l'horaire de son enfant, mais aussi son avenir ; l'enfant doit « prendre de l'avance ». En première année, il doit être capable de faire le programme de la deuxième, il doit déjà savoir ses lettres et ses chiffres avant même qu'ils lui soient enseignés. L'enfant-trophée voit ses exploits vantés, et on lui demande de démontrer son savoir-faire devant la visite.

Ceux qui ne les poussent pas jusqu'à l'excellence voudront s'assurer que leur vie est une suite ininterrompue d'expériences stimulantes qui leur procurera du plaisir.

Plusieurs enfants ne connaîtront jamais la solitude. «Trouve-toi quelque chose à faire pendant que je prépare le souper» n'est pas dans le vocabulaire familial. Les X planifient les activités de leurs enfants, les jeux, les rencontres avec les petits amis afin qu'ils ne s'ennuient pas. Il faut qu'ils se sentent importants et aimés chaque seconde. Le moindre doute peut nuire à l'estime de soi. Les parents X aiment les activités de groupe, mais sont prêts à recourir à l'encadrement individuel si le besoin s'en fait sentir. Tuteurs et entraîneurs privés se relaient pour s'assurer que les enfants se développent jusqu'à leur plein potentiel.

Comme leur enfant doit se distinguer des autres, se développer mieux et plus rapidement, les parents X l'inscrivent à un nombre incalculable d'activités visant à lui faire atteindre son maximum: sports, arts, langues, expériences interculturelles, technologies, etc. Il n'est pas rare de rencontrer des enfants de cinq ans inscrits à six activités par semaine. Toutes les soirées et les fins de semaine sont consacrées aux activités des enfants ou, plutôt, à l'organisation des transports, à la préparation des lunchs, au lavage de l'équipement sportif. Bref, les parents sont tour à tour des entraîneurs, des chauffeurs privés, des *cheerleaders*, des traiteurs, des psychologues sportifs, des agents de voyages…

Les parents X assisteront non seulement aux matchs de soccer, mais aussi aux entraînements pour encourager et rassurer; ils ne veulent manquer aucun instant de la vie de leurs enfants et ont constamment peur qu'ils aient du chagrin. Ils sont dans les coulisses de chacune des activités pour applaudir, récompenser et consoler lorsque les résultats espérés ne sont pas au rendez-vous. Il faut protéger l'ego et l'estime de soi à tout prix et pour cela, on favorise le consensus, évite de donner des ordres et demande aux enfants de participer à la prise de décisions. Toutes les décisions. Les conversations débutent par une question: «Aimerais-tu…? Voudrais-tu…? Que penses-tu…? As-tu le goût…?» Bref, l'enfant sera consulté sur tout, peu importe son âge. Les parents abdiquent leur autorité au nom de relations plus harmonieuses et du désir de rendre la vie de leur enfant la plus facile possible.

Interdépendance
La génération X, comme les autres d'ailleurs, n'est pas homogène. Les plus âgés dont les parents étaient des baby-boomers de la première moitié de la cohorte ont moins connu les familles divisées ou celles dans lesquelles les deux parents travaillent. Ils ont tendance à élever leurs enfants dans la modernité, bien entendu, se renseignant et étant ouverts aux nouvelles façons de faire, mais ils gardent des éléments de leur propre vécu. Les X

de la seconde moitié seront ceux qui auront tendance à être très engagés et omniprésents dans la vie de leurs enfants. Alors que les baby-boomers poussaient les jeunes à devenir adultes et à sortir du nid familial rapidement, certains X feront l'inverse. Ils repousseront le plus possible la prise de responsabilités de leur progéniture. Ils mettront en place tous les éléments pour que les enfants demeurent à la maison le plus longtemps possible : achat d'une voiture, aménagement d'une chambre ou d'un appartement au sous-sol, possibilité d'amener son copain ou sa copine dormir à la maison. L'idée que le jeune puisse partir est source d'angoisse. Ces parents ont développé une sorte de relation fusionnelle, ils vivent à travers les réussites de leurs enfants, ont abandonné pendant longtemps leurs propres désirs pour ces derniers et ne savent pas ce qu'ils feront lorsqu'ils se retrouveront en couple après le départ des enfants. Ce n'est pas la norme, mais c'est une tendance de plus en plus répandue.

Évidemment, la relation parent-enfant n'est plus la même depuis les années 1960. Dès le plus jeune âge, la relation d'autorité a fait place à une relation d'amitié. Une fois l'enfant devenu adulte, cela ne change pas, au contraire. Ils se parlent régulièrement au téléphone, partagent leurs états d'âme malgré la différence d'âge, se fient les uns aux autres pour une partie de leur vie sociale, prennent encore des vacances en famille et vont dépanner et régler des problèmes avec plaisir. Pour ces X, être parent est une vocation pour la vie.

Le parent hélicoptère

Dieu merci, tous les parents X ne possèdent pas l'ensemble des caractéristiques énoncées précédemment. Il existe de nombreux parents qui ont su élever leurs enfants et définir leur rôle sans tomber dans l'excès. Cependant, nous devons admettre que ces caractéristiques se retrouvent à des degrés divers chez de nombreux parents X ainsi que chez quelques baby-boomers. C'est une tendance assez importante pour qu'elle fasse l'objet de discussions chez les professeurs, du primaire au collégial, qui sont régulièrement témoins de cet excès de zèle. Il est convenu dans l'ensemble de la documentation qui traite de ces parents surprotecteurs et obsédés par leurs enfants de les appeler les « parents hélicoptères ». L'image est forte et symbolique : l'enfant qui vaque à ses occupations est continuellement supervisé à distance, par un parent qui, tel un hélicoptère, vole au-dessus de sa tête. Il a pour mission de débusquer les dangers potentiels et surtout de venir à sa rescousse dès qu'une situation difficile se présente. L'enfant vit une déception ? Il n'a pas été retenu au sein de l'équipe d'étoiles, le petit voisin lui a fait de la peine, il n'a pas pu s'inscrire au cours de piano, le professeur lui a fait des reproches ? Hop ! l'hélicoptère atterrit, et un, deux, voire quatre parents équipés et armés jusqu'aux dents en descendent pour soustraire le petit à cette situation et anéantir le ou les responsables. Que le coupable soit le petit copain, sa mère, le professeur, l'entraîneur ou le ministère de l'Éducation, tout sera mis en œuvre pour non seulement régler la situation, mais aussi pour s'assurer que le message soit bien compris : c'est injuste, mon enfant ne mérite pas ce genre de déception, et gare à vous si cela se reproduit.

À partir du moment où le parent hélicoptère descend et s'occupe du problème jusqu'à ce qu'il se replace en position de vigie (non sans avoir au passage consolé et rassuré l'enfant sur le fait qu'il n'a rien à se reprocher, estime de soi oblige), le message est clair : mon rôle est de te protéger et de te défendre pour la vie. Le parent hélicoptère est en action jusqu'à l'arrivée du deuxième ou du troisième enfant… Enfin, il essaie. Beaucoup de parents X réalisent avec une famille plus nombreuse que l'hélicoptère ne peut plus voler autant, l'énergie et le temps devenant des denrées rares. Les parents X tenteront bien alors une approche différente, demanderont de l'autonomie, mais ce sera plus facile à dire qu'à faire. Changer de modèle éducatif ne vient pas sans difficulté. Les Y n'y sont d'ailleurs pas très favorables, on les comprend !

LA GÉNÉRATION Y (1982-2000)

Ça va-tu être le fun ?

Ils ont des parents X ou parfois baby-boomers. Les plus vieux ont obtenu leur diplôme du secondaire en 1999. Ils sont la génération du millénaire.

Voici ceux par qui le changement arrive. Ce sont des hédonistes. Ils cherchent le plaisir partout, tout le temps. Ils veulent tout voir, tout essayer, vivre des expériences diverses et multiples. Il faut que chaque seconde, chaque moment soit intense, stimulant, intéressant. En fait, ils veulent vivre leur vie au maximum, loin de la routine et de l'ennui. Ils sont nombreux, beaucoup plus que les X. Leur poids social est donc plus important. Nous les voyons partout, les entendons sur toutes les tribunes. Ils amènent les entreprises à modifier leurs produits et services ; les publicitaires, à changer leurs campagnes ; les employeurs, à remettre leur gestion en question. Ils ont appris à exprimer leurs besoins. Ils demandent, et souvent. Ils ont des attentes immenses envers la société, leurs parents, les adultes, la vie en général. On leur a dit qu'ils méritaient le meilleur, ils y croient et l'exigent. Ils argumentent, critiquent, s'engagent et se désengagent, changent de direction, s'interrogent, inventent et se réinventent… et demandent encore. Ils sont intelligents, grégaires, ont des valeurs solides, croient en l'amour et en l'amitié, et ne veulent pas de regrets. Ça vous rappelle quelque chose ? Il y a un peu de baby-boomer en eux, mais centré sur l'immédiat. Le temps est leur ennemi juré. Ils ont été la priorité numéro un de leurs parents depuis leur naissance, pas surprenant qu'ils aient de la difficulté, une fois adultes, à comprendre qu'ils ne sont pas la priorité du reste de la société.

CONTEXTE SOCIOÉCONOMIQUE

Tout comme les générations qui les ont précédés, les Y sont le fruit de leur époque. La fin des années 1990 et les années 2000 sont marquées, malgré quelques soubresauts, par une reprise de l'économie, ainsi que par une multiplication des nouveaux types d'emplois et des programmes d'études. Les Y auront des occasions d'échanges et de stages internationaux dès leur plus jeune âge et vivront l'impact sans précédent des nouvelles technologies. Lorsque les premiers Y arrivent sur le marché du travail vers l'an 2000, le taux de chômage est à 8,5 %[11] ; il augmentera et diminuera de 2003 à 2007, pour s'établir, à la veille de la crise des prêts à haut risque (*subprimes*) et de la crise économique mondiale de 2008-2009, à 8 %. L'économie mondiale est aussi en pleine mutation : la Chine et l'Inde poursuivent leur développement, l'euro apparaît en 1999 et le prix du pétrole augmente constamment, ce qui stimule le développement technologique et une économie plus respectueuse de l'environnement. Les effets du réchauffement climatique sont de plus en plus visibles, et le terrorisme international atteint son apogée avec les attentats du 11 septembre 2001.

Les traditionnels avaient la religion, les baby-boomers la contre-culture, les X les enfants et l'informatique, les Y auront les technologies de la communication. Cette génération sera la première véritablement née avec de nouveaux modèles de communication. Pour eux, il n'existe pas d'avant ni d'après. Le seul modèle de vie en société, celui qu'ils connaissent et dans lequel ils évoluent, est celui où la technologie n'est pas une option, un luxe ou un choix, mais fait partie intégrante de la vie quotidienne. Elle permet non seulement plus d'efficacité, mais aussi de changer le monde et la façon de vivre. À partir des années 2000, un nombre sans cesse croissant de citoyens utilisent les nouvelles technologies de la communication pour faire du commerce, gérer leurs avoirs, s'informer, échanger et s'amuser. Bien que ces avancées soient positives et instaurent un climat optimiste quant à l'avenir, les années 2000 sont également le théâtre d'attentats, de guerres (Afghanistan, Irak) et de conflits, comme le conflit israélo-libanais, ainsi que de problèmes de santé publique comme la crise de la vache folle ou la grippe H1N1. Les années 2000, qui ont vu apparaître le Web 2.0, le baladeur et la caméra numériques, la télévision haute définition et le GPS, sont sans contredit une ère d'intenses bouleversements à la fois excitants et inquiétants.

Le monde dans lequel a grandi la génération Y n'a plus rien à voir avec celui des baby-boomers et des traditionnels ; même les plus vieux X remarquent des différences marquées entre ce qu'ils ont vécu jeunes adultes et ce que vivent les Y.

La génération Y est à la croisée de toutes ces réalités, observant la vie tantôt sur son écran d'ordinateur ou de téléphone, tantôt en regardant une téléréalité ou

---

[11.] Institut de la statistique du Québec. *Registre des naissances*, http://www.stat.gouv.qc.ca/donstat/societe/demographie/naisn_deces/naissance/401.htm.

des vidéos sur *YouTube*. Les années 2000 se balançant entre possibilités infinies et crises de toutes sortes, les valeurs des Y seront tout aussi paradoxales.

CARACTÉRISTIQUES DES Y

Tout le monde a une opinion sur les baby-boomers et les X. Tout le monde en a aussi une sur les Y. Selon les observateurs – tant les parents, employeurs, collègues de travail qu'enseignants –, les Y seraient paresseux, ne feraient pas d'efforts, manqueraient de concentration, n'auraient ni persévérance ni résilience, leur impatience n'aurait d'égal que leur sentiment que tout leur est dû. Ils seraient incapables d'accepter les reproches et manqueraient d'aptitudes sociales. Les éducateurs, les employeurs et les collègues de travail plus âgés auraient de la difficulté à interagir avec eux, et seuls les parents de ces jeunes les trouveraient formidables. En fait, les parents trouveraient LEURS enfants Y formidables ; les autres, ils n'en parleraient même pas. Mais ces jeunes sont-ils vraiment si différents des générations précédentes et, surtout, aussi difficiles à comprendre qu'on nous le laisse entendre ?

La génération Y a ses valeurs et n'a pas peur de les afficher. Ce que nous pouvons observer des plus vieux Y qui ont maintenant 30 ans, c'est qu'ils conservent ces valeurs une fois qu'ils sont adultes. Les valeurs les plus fréquentes sont la famille, l'amitié, le souci de l'environnement, la justice sociale et la loyauté, lesquelles vont influencer les choix au travail et dans la vie personnelle, et avoir une profonde influence sur les caractéristiques bien spéciales de cette génération.

Importance de la famille

Certains ont pu avoir des parents X dévoués et à leur écoute ; d'autres, des parents intergénérationnels, composés d'une mère X et d'un père baby-boomer qui désire cette fois faire autrement. Peu importe le modèle, les Y ont pu apprécier la vie de famille et ce qu'elle peut apporter. Ils sont proches de leurs parents ainsi que de leurs frères et sœurs, et ils apprécient le temps passé auprès d'eux. Contrairement aux générations précédentes, la majorité des Y n'ont pas vécu à l'adolescence de coupure dramatique avec leurs parents. Pour plusieurs d'entre eux, les parents sont des amis avec qui l'on peut presque tout partager. Ils les encouragent sans leur faire de reproches et sont toujours prêts à aider au besoin. D'autres, malheureusement, comme dans chaque génération, naîtront dans des familles dysfonctionnelles qui ne leur apporteront ni le nécessaire ni une saine estime de soi. Cependant, pour la majorité de cette génération, la famille est une source de plaisir et de sécurité. Pour les Y, elle peut prendre plusieurs formes ; qu'elle soit nucléaire, monoparentale ou homosexuelle, les Y ne se formalisent pas du modèle et savent qu'ils voudront en fonder une un jour. Pour eux, la famille est source de soutien. Même leurs grands-parents sont présents et les encouragent. Adultes, ils continuent d'avoir le soutien de leurs parents qui aident financièrement à l'achat de la première maison et les emmènent en vacances.

Évidemment, c'est autre chose pour les Y qui ont connu une enfance difficile. Ils continuent toutefois à rêver eux aussi de fonder une famille unie, en conformité avec leurs valeurs. Bien que beaucoup de Y aient commencé leur vie sexuelle tôt et aient eu plusieurs partenaires, ils imaginent leur avenir au sein d'une famille somme toute traditionnelle et souhaitent demeurer avec le même conjoint. Pour y arriver, ils sont prêts à faire les choix nécessaires aux dépens des autres aspects de leur vie, dont le travail.

Importance de l'amitié

Pour la génération Y, les amis font partie de la famille. Contrairement aux générations précédentes qui cessent de nourrir certaines amitiés en cours de vie, les Y, eux, les ajoutent. Il n'est pas rare de voir un Y fraîchement diplômé de l'université avoir des amis du secondaire, du collégial et de l'université, bien entendu, mais aussi de son ancienne équipe de soccer lorsqu'il était adolescent, ainsi que de ses nouveaux collègues de travail.

En fait, ils ont plusieurs cercles d'amis qu'ils entretiennent par les réseaux sociaux en partageant nouvelles, photos, vidéos et en planifiant un voyage ou une sortie à l'occasion. Enfants, les amis ont toujours été les bienvenus dans leur famille, les parents des uns ayant parfois agi comme les parents des autres.

Conscience environnementale

La génération Y est la première génération « environnementale ». Elle a toujours connu le recyclage, a partagé ses vêtements avec ses copains pour économiser, a une conscience écologique et aime encourager les petits producteurs locaux. Comme dans son rapport avec les technologies, il n'y a pas eu d'avant ni d'après. Le discours environnemental a toujours fait partie de sa vie. À la télévision, à l'école, les Y ont entendu parler de l'état de la planète et, pire encore, qu'elle pourrait peut-être ne pas subvenir à leurs besoins futurs.

Paradoxalement, s'ils sont prêts à faire des efforts pour l'environnement et adopter un discours très critique envers les moins convaincus, les Y ont parfois de la difficulté à aller jusqu'au bout de leurs convictions. Décider de ne pas acheter la chaussure de sport à la mode, fabriquée dans une usine polluante, pour se contenter d'un modèle moins intéressant, mais plus écologique, est un dilemme inconfortable et difficile à résoudre. Ils ne cachent pas que combiner leurs convictions et leur désir d'avoir ce qui leur plaît est difficile, voire impossible. C'est pourquoi ils auront souvent des comportements environnementaux irréprochables sur certaines questions, comme le recyclage et le compostage, mais feront aussi des choix de consommation contradictoires.

Conscience sociale

La génération Y n'en est pas à un paradoxe près. Elle veut consommer, se faire plaisir, profiter de la vie, mais, du même souffle, elle souhaite plus d'équité sociale. En fait, tous devraient avoir les mêmes privilèges. Les Y supportent mal les injustices et les inégalités. Ils sont sensibles à ce qui se passe chez eux et sur le reste de la planète. Ils ont connu les projets de coopération internationale, du secondaire à l'université. Depuis leur enfance, ils fabriquent des paniers de Noël, font des collectes de jouets usagés, amassent des fonds pour contrer la famine en Afrique et soutenir les victimes de tremblements de terre et d'inondations. Une fois adultes, ils participent à des missions bénévoles à l'international et s'engagent dans des projets humanitaires. La génération Y est dotée d'une conscience sociale aiguë, même si, à l'occasion, ses choix et attitudes sont centrés sur ses besoins personnels.

Loyauté

Les Y sont loyaux. Envers leurs amis bien entendu, mais aussi envers les groupes auxquels ils appartiennent, à l'exclusion de l'entreprise qui les emploie. En fait, ce n'est pas tout à fait exact, car la différence se situe dans leur définition de la loyauté. Celle-ci n'est ni aveugle ni automatique. Elle doit avant tout être méritée.

Demeurer toute sa vie au même endroit ne fait pas partie de leurs objectifs de carrière et ne représente pas pour eux une vraie preuve de loyauté. Être loyal envers son employeur, c'est faire de son mieux au boulot, apporter enthousiasme et créativité, et s'impliquer dans son travail, et non pas y demeurer 25 ans dans le seul but de ne pas perdre les avantages sociaux, au risque d'être démotivé et frustré.

La loyauté envers les amis est remarquable et peut donner lieu à des comportements que les générations précédentes trouvent étonnants. Il n'est pas rare de voir un Y ne pas se présenter au travail et accepter de perdre une journée de salaire pour aider un ami en difficulté. Ils peuvent aussi ne pas postuler à un emploi pour laisser la place à l'ami qui en a le plus besoin. Les Y n'hésitent pas à mettre leurs propres projets en veilleuse pour aider un copain. Sont-ils aussi égocentriques qu'on le dit? Pas si sûr. Ils soutiendront un membre du groupe et s'assureront qu'il fait toujours partie du clan. Les amis sont une extension de la famille.

Vie adaptée à leurs besoins

Pour plusieurs Y, surtout ceux qui ont eu la chance de naître dans une certaine aisance financière, la vie est un immense buffet. Un buffet à volonté, on s'entend. On se présente, assiette à la main, et on choisit en premier lieu ce qu'on connaît et qu'on aime; on essaie ensuite de nouvelles choses, on goûte à tout, sans nécessairement finir tous les plats. Pourquoi faire des choix et se priver quand on peut y retourner aussi souvent qu'on le veut? Les possibilités pour les Y sont ainsi: infinies, variées depuis leur naissance. Multiplication des programmes d'études et des activités parascolaires, camps d'été spécialisés pour l'apprentissage des langues ou des technologies, stages de perfectionnement sportif, voyages (plus loin qu'à Old Orchard) avec la famille, l'école ou l'équipe, accroissement des contacts avec d'autres cultures, projets d'engagement social ou humanitaire, année sabbatique après le cégep: les Y ont été bombardés de possibilités et de choix. Certains jeunes adultes auront, à 20 ans, vécu plus d'expériences que leurs parents!

Les années 2000 sont la décennie des possibilités et de la personnalisation. Toutes les générations se trouvent spéciales, pas seulement la Y. Elles veulent toutes que le monde s'adapte à elles, et non l'inverse. On personnalise son alimentation (végétarisme, sans viande rouge, sans produits laitiers, *slow food*, crudivorisme); on invente son parfum à la boutique spécialisée, sa couleur de fond de teint en tournant de petits cadrans sur son tube ou celle de ses cheveux avec un produit qui « s'adapte » à la couleur naturelle; on crée son style vestimentaire, son programme d'études, son parcours professionnel et son profil de compétences. Le Y veut que l'employeur tienne compte de ses obligations quand il planifie l'horaire de travail. Il ne prend que le meilleur. Ceux qui veulent autre chose en ont le droit. Il les respecte… dans leur différence. Si les baby-boomers et les X ont appris la personnalisation en cours de vie, les Y sont nés dedans. Ils sont résolument la génération « à la carte »: rien de générique, tout doit être adapté à leur unicité (*uniqueness*). Les règles et les dates limites peuvent être contournées ou repoussées lorsqu'elles ne sont pas complètement adaptées à leur réalité. Leurs besoins individuels doivent être satisfaits, c'est leur droit.

Hantise du temps qui passe

C'est important. Très important. Et ça change tout. Pour le baby-boomer, le temps est un allié : il profite de chaque minute du présent et il planifie son avenir. La vie est une multitude de projets, et les plans sont établis, révisés et mis en application. Les X, eux, ont eu au départ un rapport plus difficile avec le temps, l'instabilité économique ne leur permettant pas de planifier à très long terme, mais, une fois installés dans la vie, ils ressembleront de plus en plus aux baby-boomers. Pour le Y, l'avenir représente la chose la plus imprévisible qui soit. Rien ne semble durer, rien n'est vraiment stable – une caractéristique qu'il partage avec le X –, bien que les offres d'emploi soient pour lui au rendez-vous. L'environnement se détériore de manière exponentielle, les crises économiques se succèdent à un rythme effréné. Bauer, Biochem Pharma, Domtar et d'autres grandes entreprises québécoises qui ont fait notre fierté sont vendues à des intérêts étrangers. Les filets sociaux sur lesquels tous pouvaient compter diminuent leur portée : le délai avant de recevoir des primes d'assurance-emploi est de plus en plus long, l'aide juridique est de moins en moins accessible, trouver un médecin de famille demande une ténacité et une patience incroyables. Pour les plus vieux Y et les X de la seconde moitié de la cohorte, le monde du travail devient de plus en plus éclaté : l'impartition, la diminution des conditions de travail pour éviter la fermeture des entreprises ou la retraite de baby-boomers qui ne sont pas remplacés et qui augmente les heures supplémentaires. Les jeunes Y posent des questions, mais aucune des générations précédentes n'est en mesure de fournir de véritables réponses. En outre, même s'ils communiquent à qui mieux mieux sur les plateformes technologiques, les inquiétudes des Y ne sont pas toujours exprimées ouvertement, car ils n'étalent pas souvent leur insécurité. Leurs inquiétudes n'en sont pas moins importantes.

Par exemple, que se passera-t-il si, à l'obtention de son diplôme, un Y voit son métier dorénavant effectué par un robot super performant ou par un ouvrier localisé en Inde ? Et si la sécurité d'emploi devient chose du passé et que les entreprises n'offrent que des contrats d'une durée limitée, sans la moindre protection, contrairement aux X qui ont fini par obtenir la permanence ? Et si le pays est victime d'une grave pandémie dans deux ou trois ans et que cela modifie toute l'organisation de la société ? Et si à la retraite les fonds de pension sont à sec ? Et si nous nous retrouvions demain à l'aube d'une Troisième Guerre mondiale, nucléaire de surcroît ? Et si les enfants ne peuvent plus jamais jouer dehors de peur de tomber malades ? Les questions se multiplient au rythme des tonnes d'informations qui se bousculent dans l'espace public.

Autre paradoxe, la génération Y est d'un naturel optimiste, quoique lucide. S'il y a un avenir, ils y seront formidables ! S'il y en a un… Réalistes, ils voient tout ce qui se passe et se rendent bien compte qu'ils n'auront jamais la même emprise sur l'avenir que leurs parents. Tout peut changer en un seul instant. Certains ont vu leurs parents perdre un emploi pourtant stable en quelques jours ; d'autres les voir se priver toute leur vie pour leur retraite et être victimes du cancer le moment venu d'en profiter. À l'aube de leur entrée sur le marché du travail, les Y ont vécu les bouleversements des dernières années et ont décidé qu'ils ne seraient pas les prochaines victimes. Contrairement à la génération X qui planifie son avenir en prenant des décisions réfléchies, la génération Y misera sur le présent plutôt que sur un avenir incertain.

Voilà le sens de certaines phrases que nous lancent les Y : «Qu'est-ce que ça donne de passer trois soirées à apprendre le calcul différentiel et intégral?» ou «C'est plate et ennuyant ici, je perds mon temps et je m'en vais.» Ils n'acceptent pas de s'ennuyer maintenant, en se disant que plus tard ce sera intéressant, car rien ne garantit que ce «plus tard» aura bel et bien lieu.

Non seulement on ne contrôle pas le temps qui reste, mais, en plus, il passe vite. La vitesse est au centre de la vie des Y ou, plutôt, ils ont grandi au cœur d'un immense tourbillon où tout se déroule à la vitesse grand V. Toutes les avancées technologiques ont pour objectif d'en faire plus, plus rapidement. Les jeunes de la génération Y n'ont connu que la vitesse. Ils ne se sont jamais levés du canapé pour changer de chaîne, Internet a toujours été haute vitesse, ils ont toujours utilisé les guichets automatiques et la carte de débit. Ils n'attendent pas que l'album de musique soit en magasin, ils l'achètent une semaine avant sur Internet. La recherche avec Google est plus rapide que dans le dictionnaire. Leur adolescence occupée est constituée de repas pris sur le pouce ou dans la voiture, alors qu'ils sont en route pour le match de soccer. Tout se réchauffe au four à micro-ondes et se transporte dans un sac à dos. Le temps libre n'existe pas, chaque minute est occupée dans une activité supervisée par des professionnels afin d'apprendre le maximum. Les jeux peuvent se jouer en ligne à toute heure avec les copains, les émissions sont enregistrées et écoutées sur le téléphone intelligent en attendant l'autobus. Habitués à tout faire rapidement et en même temps, ils sont impatients et détestent attendre à ne rien faire. Ils marchent et textent en même temps, étudient en parlant au téléphone et tweetent pendant qu'ils assistent à un concert.

L'utilisation optimale du temps est au centre de leurs préoccupations quotidiennes. La crainte d'avoir fait le mauvais choix et d'avoir perdu du temps est omniprésente. Les baby-boomers ont tendance à dire: «Si le temps est si important pour eux, pourquoi alors en perdent-ils autant à s'envoyer des messages textes et à s'amuser sur Internet pendant des heures? Ne devraient-ils pas faire quelque chose de plus utile comme étudier pour planifier leur carrière et leur avenir?» Euh... quel avenir, déjà? Nous revoilà au point de départ! Nous avons l'impression qu'ils perdent leur temps parce que leurs priorités sont de toute évidence différentes des nôtres, comme nous le verrons plus loin. En réalité, ils ne perdent pas leur temps, ils le vivent.

Confiance précaire

Fait étonnant et contradictoire, les jeunes sont à la fois confiants envers leurs habiletés (trop, diront certains) et inquiets de ne pas être capables de réussir à vivre la vie dont ils rêvent. Les baby-boomers, eux, n'ont jamais douté de leur réussite, alors que les X savaient que ce serait difficile, mais avaient confiance en leur savoir-faire pour y arriver. La génération Y, dotée d'une estime de soi gonflée à bloc, est persuadée de son immense talent, bien qu'elle n'ait eu que peu d'occasions de se mesurer aux autres et de connaître sa valeur réelle. Cette génération ne manque pas de courage non plus, n'hésitant pas à s'attaquer à des problèmes complexes malgré son inexpérience, persuadée que sa passion et ses habiletés l'aideront à trouver des solutions. Dans certains cas, c'est absolument vrai: des études démontrent que les jeunes Y possèdent en moyenne 10 points de Q. I. de plus que les générations précédentes. Malgré cela, une fois loin de la protection parentale, ils se demandent s'ils seront à la hauteur de ce qu'on attend d'eux. La pression de la performance existe depuis qu'ils sont tout petits, mais, en même temps, tout a été mis en œuvre pour préserver leur ego. Par conséquent, ils n'ont pas toujours compris à quel point ils devront travailler fort et se mesurer à d'autres pour réussir. Leurs objectifs personnels sont donc ambitieux, mais ne semblent pas toujours tenir compte de la réalité.

Tout leur est dû, naturellement

Il n'y a pas de mot en français pour bien décrire cette caractéristique. La langue anglaise propose *entitlement*, c'est-à-dire la croyance des Y que non seulement ils ont le droit de tout avoir, mais que tout leur est dû, naturellement, dès la naissance. De toute évidence, cette caractéristique se retrouve plus souvent chez les jeunes qui proviennent des familles de classe moyenne ou aisée. Ces jeunes Y croient que la société a le devoir de s'assurer que tous leurs rêves se réalisent sans fausse note. Ils feront partie de l'équipe d'étoiles même s'ils ne participent pas à tous les entraînements, seront acceptés dans le programme d'études de leur choix même si leurs notes ne sont pas suffisantes, ils obtiendront un poste de haut niveau sans devoir commencer à la base, et les promotions viendront automatiquement et sans trop d'effort. Ceux qui ont été nourris de compliments et protégés de la critique et des déceptions par des parents hélicoptères seront plus souvent affectés de cette attitude.

Difficulté à composer avec les écueils et les déceptions

Pour la portion de la génération Y qui a été surprotégée, préservée des contrariétés, déresponsabilisée face aux difficultés et soustraite à de grands pans de la réalité par les parents et la société, les difficultés et les déceptions normales de la vie sont un choc. Lorsque les résultats ne sont pas à la hauteur des attentes ou que les évaluations sont moins que parfaites, le Y reçoit le tout avec incrédulité et perplexité. « Ces choses-là ne m'arrivent jamais, il doit y avoir une erreur. Une autre personne est responsable de cette situation et, surtout, doit la régler ! » Surpris de se faire dire non ou de ne pas recevoir les accolades qu'il croit mériter, il lui arrive de réagir d'une manière qui semble démesurée. En réalité, lorsque son ego est attaqué, le Y se sent trahi par les adultes censés le protéger. Contrairement aux X qui ont appris très jeunes à se débrouiller et ont développé une grande résilience, certains Y n'ont reçu aucun enseignement sur ce point et n'ont acquis aucune habileté face à la malchance et à l'insuccès. Ils ne sont pas outillés pour faire face aux difficultés. Prendre acte d'une situation, évaluer sa part de responsabilité, apprendre de ses échecs et surtout se relever pour continuer semble impossible sans l'aide des parents ou d'un adulte. Ce que les générations précédentes ont appris tôt dans la vie à coup de revers et d'échecs, beaucoup de jeunes Y ne l'apprendront qu'une fois adultes et, là encore, ne retiendront des leçons de ces expériences difficiles qu'à la condition qu'un adulte plus âgé veuille bien les aider à y voir plus clair.

C'est un peu normal puisque, pour beaucoup de Y, la réalité, avec ses hauts et ses bas, leur a été partiellement cachée, les parents s'occupant de régler les problèmes ou même de les anticiper. La combinaison «croyance que tout leur est dû et estime de soi gonflée» ajoute à l'équation. Grâce à des parents hélicoptères bien intentionnés, certains Y ne connaissent que l'aspect agréable de la réalité, là où tout se passe comme prévu, où les responsabilités, bonnes ou mauvaises, sont assumées par les parents et les adultes. La partie difficile, frustrante, injuste demeure un mystère, une réalité qui touche les autres et contre laquelle ils se sentent immunisés.

Fidélité aux valeurs et aux priorités

Contrairement aux X et aux baby-boomers qui ont dû mettre en veilleuse certaines de leurs valeurs afin d'atteindre leurs objectifs, la génération Y fait tout pour que sa vie quotidienne en soit le reflet. Par exemple, il est de plus en plus courant de voir de jeunes couples de Y, pour qui les voyages humanitaires sont une priorité, décider de continuer une fois parents, en emmenant les enfants, enseignant le programme scolaire, les exposant à d'autres cultures et, surtout, partageant avec eux leurs valeurs essentielles: l'ouverture sur le monde et l'engagement. L'environnement et la santé sont importants? Qu'à cela ne tienne. Malgré un petit budget, il n'est pas rare de voir des étudiants de la génération Y choisir de se procurer des aliments biologiques malgré leur coût plus élevé, refusant d'avoir une voiture pour se les payer et pouvant ainsi lutter contre les changements climatiques. Les jeunes Y ont besoin de structures et de règles; les valeurs sont une forme de garde-fou, pas question de les mettre de côté une fois qu'ils sont adultes. Même si ces valeurs sont plus difficiles à intégrer au marché du travail, avec une famille et des enfants, les Y ont le réflexe de bâtir leur vie autour de leurs valeurs et non en parallèle à celles-ci.

Acceptation de l'autorité

Voilà une caractéristique qui fait réagir. Les baby-boomers et les X l'associent à de l'apathie ou à un manque de sens critique, ce qui est en partie vrai. Les Y ne contestent pas systématiquement la société ou l'autorité, qu'elle soit parentale ou liée au travail. C'est un aspect diamétralement opposé aux baby-boomers pour qui c'était, pour ainsi dire, génétique: vivement quitter la maison et être autonome pour enfin vivre sa vie comme on veut! Ça, c'était avant, dans les années 1970, alors qu'il y avait un conflit de générations quasi automatique entre les parents et leurs adolescents. Pour les Y et leurs parents, c'est une autre affaire. Ils ont été choyés, aimés, encouragés et protégés. Ils peuvent faire pratiquement tout ce qui leur plaît. Pourquoi voudraient-ils changer quelque chose ? Les Y ont déjà toutes les libertés imaginables, et les possibilités qui leur sont offertes sont infinies. Confronter les parents ? À propos de quoi ? Ce sont leurs meilleurs amis, avec lesquels ils partagent les mêmes valeurs. Les pères et leurs fils boivent une bière en regardant le football, et les mères et leurs filles vont s'acheter un string à la boutique de lingerie. Il y a de moins en moins de conflits et de plus en plus de zones communes, ce qui n'est pas en soi une mauvaise chose. À l'extérieur du milieu familial, ils semblent aussi moins portés à critiquer et à contester l'autorité comme le faisaient les baby-boomers.

De là à conclure que, parce qu'ils ne protestent pas automatiquement, ce sont des moutons passifs incapables de se révolter, il y a une marge. Les avez-vous vus dans la rue contester les décisions des politiciens et appuyer les causes qui leur tiennent à cœur ? L'environnement, l'accès à l'éducation supérieure, les droits des personnes homosexuelles, les effets négatifs de la mondialisation, la fin de la guerre en Afghanistan : leur révolte est bien réelle, mais différente, plus pragmatique, moins dogmatique. Le printemps 2012 au Québec a démontré de façon éloquente que la génération Y n'est pas apathique. Oui, son degré d'engagement varie, les causes qu'elle défend ne font pas toutes l'unanimité au sein de cette génération, comme ce fut le cas pour les générations qui l'ont précédée. Certains Y sont plus modérés, d'autres plus radicaux, mais tous ont à un moment ou à un autre le goût de contester une décision, d'avancer une opinion. Contrairement à leurs aînés pour qui, durant leur jeunesse, contester et critiquer tout ce que les généra-tions plus âgées mettaient de l'avant faisaient partie intégrante de la vie, les Y protestent plutôt de façon très ciblée et pragmatique. Ils choisissent leurs batailles. En fait, ils évaluent leurs chances de réussite et se concentrent sur des problèmes ou des situations précises où les règles doivent être modifiées, celles qui ont un impact sur la majorité de la population et qui offrent les meilleures probabilités d'être changées. Bien organisés, ils vont choisir de contester à la suite d'une évaluation basée sur la logique plutôt que sur un besoin inné de confrontation ou uniquement sur un principe plus large. Du coup, il se peut qu'après avoir évalué la situation ils proposent des compromis et acceptent de vivre avec. Si la règle est expliquée et logique, ils la suivront sans trop de problèmes et passeront rapidement à autre chose. Ils ne sont pas contre les cadres et les règles, ils ont grandi avec : ils sont contrôlés depuis la garderie par des structures, des codes de conduite et des règlements « de vie » que les parents, les professeurs et les entraîneurs leur ont expliqués *ad nauseam.* Par contre, si ce même règlement est mal expliqué et que les raisons invoquées n'ont pas de sens pour eux, ou encore qu'ils entendent des explications telles que : «On a toujours fait les choses comme ça», «Parce que c'est moi qui décide» ou encore «Le système est fait comme ça», alors là, stop! Ils contesteront, critiqueront, argumenteront. Ils se feront un plaisir de démontrer comment ils peuvent légèrement contourner cette décision, la transformer ou carrément l'ignorer tout en atteignant les mêmes objectifs.

Des moutons? Non, mais ils mènent des batailles différentes de celles des générations précédentes, choisies en fonction de leurs valeurs et visant un résultat maximum dans un minimum de temps. Les moyens de contestation sont eux aussi distincts. *Out* les partis politiques lourds, inefficaces et laissant peu de place à la créativité et à l'individualité, *in* les forums de discussion, les groupes de pression créés au besoin, l'utilisation d'Internet et des réseaux sociaux pour convaincre et agir. Rêvant plutôt de regroupements spontanés entre des personnes qui partagent la même opinion sur un sujet donné plutôt que les mêmes opinions sur tout, ils pourront s'opposer et résister un temps, puis battre en retraite pour mieux se recentrer et revenir en force avec une toute nouvelle tactique. Nous pourrions même dire que, jusqu'à un certain point, leur contestation est moins émotive. Nous sommes passés du combat d'une génération aux combats DES MEMBRES d'une génération, qui n'hésitent pas à forger des alliances avec toutes les personnes qui partagent leurs idées, toutes générations confondues. Nous sommes dans l'ère de la contestation réaliste et efficace.

Performance en équipe

Existe-t-il pour la génération Y une autre façon de travailler qu'en équipe? Ça commence à la garderie et se poursuit jusqu'à l'université, où l'enseignement a délaissé les travaux silencieux et solitaires pour faire une place de plus en plus grande aux travaux de groupes. Ils choisissent des sports et des activités qu'ils pratiquent ensemble; même les sports plus individuels comme la planche à roulettes sont pratiqués en groupe. Contrairement aux X qui ont privilégié la planche à neige, le patin à roues alignées et les jeux vidéo qui se jouent seul, les Y sont maniaques de soccer, d'improvisation, d'*ultimate freesbee*, de football et de groupes de musique. Leurs jeux virtuels ont lieu sur le Web avec des dizaines de joueurs de partout dans le monde. Un peu à l'image des baby-boomers, ils exercent des activités qui n'ont de sens que si elles sont pratiquées en équipe.

L'équipe, c'est une entité qui soutient et qui rassure; lorsque le Y a un doute sur ses choix, il peut discuter avec les autres et vérifier s'il prend la bonne décision. Faire partie d'une équipe et d'un groupe est un élément essentiel de sa vie; en être rejeté est dramatique. N'ayant pas été très souvent laissé à lui-même, il a de la difficulté à se définir sans l'appartenance à une tribu.

Ouverture au changement

Il s'agit de l'une des forces du Y. Loin d'être inquiets lorsque surviennent des bouleversements, on a l'impression que les Y les cherchent. On ne parle pas ici de changements causés par un échec, mais bien de cette capacité à se repositionner, à changer rapidement d'objectif lorsque les circonstances le demandent. Les Y détestent l'ambiguïté, les demandes floues, les projets qui manquent de leadership, mais ils sont capables de se «retourner sur un dix cents». À cet égard, ils ressemblent aux X ainsi qu'aux baby-boomers, quoique ces derniers, en vieillissant, veuillent surtout assurer leur sécurité une fois qu'ils sont bien établis. Les Y n'ont pas peur du changement. Ils aiment vivre intensément et vont courir des risques souvent très mal calculés pour éviter la routine. Le projet auquel ils travaillent est réorienté, le service est démantelé et restructuré, une urgence les oblige à tout laisser tomber et à recommencer, pas de problème! Ils passeront peu de temps à ruminer sur ce qui était et concentreront toutes leurs énergies sur ce qui est et sera. Plus intéressés par le présent que par le passé, par l'action que par la réflexion, par les défis que par la stabilité, ils sont équipés pour faire face à un monde de plus en plus imprévisible. Ils aspirent à une vie familiale stable, mais à une vie professionnelle et personnelle remplie de surprises, de défis, de nouveautés. Pour la génération Y, le changement est toujours le bienvenu et est une occasion de création et de plaisir, une façon de mobiliser l'équipe pour «passer au travers» des moments difficiles ou ennuyants. Habituée à vivre à pleine vitesse, cette génération ne voit pas la routine comme étant rassurante, elle suscite plutôt l'ennui, le désengagement et le besoin irrépressible d'aller voir ailleurs.

Relations interpersonnelles difficiles

C'est la faute des technologies! C'est vrai, elles permettent d'être en contact 24 heures sur 24, à peu de frais, en abolissant les barrières de temps et de distance. Les Y sont en perpétuelle relation avec leurs amis. Ils font partie de multiples communautés réelles ou virtuelles avec lesquelles ils échangent sur leurs passions et leur vie quotidienne. Mais qu'en est-il des relations «en personne»?

Cela dépend. S'exprimer devant un groupe, pas de problème. Exposer ses émotions intimes face à face, c'est plus difficile. Les règles de politesse qui ont un peu été mises de côté par les parents et les écoles ont été remplacées par le développement d'aptitudes à l'argumentation et à l'affirmation de soi, de ses attentes et de ses besoins.

Leur pragmatisme et leur besoin d'optimisation de leur emploi du temps, en plus de leur insistance à donner des opinions non sollicitées, les rend très directs dans leurs échanges. Ils perçoivent les formules de politesse, les styles tout en finesse, la langue de bois et le bavardage comme des pertes monumentales de temps et d'efficacité. Vite, allons droit au but! La génération Y n'a pas appris l'art de la diplomatie, qu'elle associe à une façon d'éviter de parler franchement des «vraies affaires» et à un manque de transparence. Elle est sans contredit la génération de la communication, mais en même temps celle qui connaît le moins L'ART de la communication. Comme de plus en plus de contacts se font de manière virtuelle, cela encourage une forme d'expression dans laquelle la censure n'existe pas. Il est facile de larguer sa copine ou d'enguirlander son professeur par courriel. Cependant, lorsque la confrontation a lieu de visu, c'est une tout autre histoire. Peu habitués à faire face à l'adversité, désensibilisés, les Y ont de la difficulté à transmettre leur message de façon efficace sans brusquer. Ils réagissent souvent à la confrontation comme si cela était une attaque personnelle, une critique de ce qu'ils sont. S'ils se sentent blessés dans leur ego, ils fuiront la situation plutôt que de l'affronter. Très mal à l'aise lors des conflits, ayant peur du rejet, ils préféreront quitter la pièce et se refermer sur eux-mêmes plutôt que d'essayer de rétablir la communication. Étonnamment, bien qu'ils partagent de croustillants détails de leur vie personnelle avec de parfaits inconnus sur le Web, ils ont beaucoup de mal à partager leurs difficultés personnelles avec leurs amis.

Ils partagent leurs expériences, pas leurs émotions intimes. Les Y vont partager avec des inconnus partout sur la planète les expériences qu'ils vivent lors d'une activité, mais garderont pour eux les détails douloureux. Personne ne saura que, la veille, leur amoureux a rompu ou qu'ils ont échoué à leur examen de maths. Sur un groupe d'une douzaine d'amis, une seule personne pourra en être informée. La peur d'être jugé, de décevoir, d'être perçu comme différent ainsi que la perte d'estime de soi font en sorte que le Y tentera de supporter seul sa peine, jusqu'à ce que le chat sorte du sac et que le groupe se mobilise pour lui apporter son soutien.

Vision différente du travail

Les Y ne vivent pas pour travailler, mais travaillent pour vivre. Le travail est un aspect de leur vie, mais ce n'est pas le plus important. La famille, les amis, les engagements sociaux, les activités de loisir, les projets de divertissement et le sport sont des pans de leur vie qui peuvent prendre le pas sur la carrière.

Pour être valable, le travail doit contribuer à la qualité de vie. Les Y veulent travailler de façon efficace, sans mettre en péril leur famille ou leur santé. Pour la majorité des Y, le travail doit être en lien direct avec une passion et constituer une source de plaisir. Même les Y qui ont décidé de cesser tôt leurs études et qui se retrouvent devant des emplois peu intéressants s'attendent à ce que leur métier leur procure du plaisir ainsi que des défis intéressants, exempts de routine. Ils tenteront leur chance pour travailler à la chaîne de montage d'une usine et seront déçus et surpris de ne pas trouver leur emploi stimulant. Ils considèrent qu'ils méritent d'avoir un travail gratifiant avec de bonnes conditions, sans égard aux choix qu'ils ont faits. La génération Y parle rarement de carrière. Parler travail, c'est partager avec enthousiasme ses responsabilités, l'impact positif de son rôle, la qualité de l'esprit d'équipe et les défis qu'on espère relever dans un avenir rapproché.

Vie réussie plutôt que réussite

Un mantra. Une phrase qui résume bien l'essentiel de la génération Y. Grâce à l'utilisation optimale de leur temps, à leur adhésion à des valeurs et des priorités claires, au soutien de leur famille et de leurs amis, à leur engagement et leur habileté à travailler en équipe et à demeurer ouverts aux changements, tout cela sans devenir esclaves de leur travail, les jeunes de la génération Y vivent leur vie de façon globale et non compartimentée.

Déterminés, ils désirent que chaque aspect de leur vie soit harmonieux et sont prêts à prendre les moyens pour y parvenir. Leur objectif est de ne pas avoir de regrets, pas de «j'aurais donc dû, j'aurais pu ou j'aurais voulu», mais d'être heureux tout simplement, maintenant. Qu'est-ce qu'une vie réussie pour la génération Y? En premier lieu, une vie équilibrée, c'est-à-dire une vie de famille épanouie et un travail intéressant et utile. Ensuite, une vie de plaisir faite d'expériences multiples. Il n'est pas question ici du plaisir ludique, quoique les Y adorent jouer, mais plutôt du plaisir d'être entourés des personnes qu'ils aiment et avec qui ils peuvent partager leurs passions, tant personnelles que professionnelles. Finalement, une vie réussie est une vie où le Y a le sentiment que ses actions contribuent positivement à la société.

Quête de sens

« Pourquoi ? Pourquoi dois-je le faire ? Pourquoi est-ce important ? Pourquoi le fait-on comme ça ? Pourquoi ne puis-je pas le faire ? Je n'ai pas été consulté ! » Des questions qui étourdissent les baby-boomers et les X, peu habitués à se justifier, mais qui, pour les Y, se ramènent toujours à l'essentiel : « Pourquoi consacrer du temps à ceci ? Quel est le sens de ce que vous me demandez ? À quoi cela sert-il ? » Le temps est précieux, on ne veut pas le gaspiller dans des activités plus ou moins utiles qui n'apporteront rien de concret et qui sont entièrement tournées vers un avenir lointain, qu'on n'est pas certain de voir et auquel on ne veut pas consacrer trop d'énergie. Quand les Y demandent pourquoi, plusieurs personnes des autres générations y voient une sorte de contestation de l'autorité, une remise en question des compétences ou un manque de politesse qui frôle l'insubordination. Mais ce n'est pas cela. « Pourquoi » veut dire « Je ne comprends pas le sens de ce que tu me demandes. » ou « Je ne comprends pas pourquoi vous en êtes arrivés à cette décision. » L'adhésion aux idées passe par les réponses que nous prenons le temps de donner. Les Y ne sont pas des spectateurs, ils veulent être des acteurs de leur vie et, pour agir, ils doivent comprendre les raisons et la logique de ce qui leur est demandé ou offert. Les Y aspirent à une vie qui a du sens, en y investissant ce qu'ils ont de meilleur : du cœur, de l'énergie, du talent et de la compassion. Leurs questions rappellent un peu celles des baby-boomers qui, plus jeunes, essayaient de redéfinir la vie et le bonheur. Contrairement à ces derniers qui en ont fait une quête personnelle, allant chercher à l'occasion l'aide de maîtres spirituels ou de psychiatres, les Y, eux, coupent court et posent leurs questions directement aux adultes autour. Ils ne veulent pas prendre des années à essayer de comprendre le sens de ce qui se passe. De leur point de vue, il n'y a pas tant d'années devant eux, ils posent donc des questions et s'attendent à des réponses rapides et précises… que malheureusement nous ne pouvons pas toujours offrir.

Ces caractéristiques sont celles que nous retrouvons le plus souvent chez la génération Y. Comme dans chaque génération, il y a les exceptions, comme ceux qui, pour toutes sortes de raisons, ont été élevés différemment, ceux qui n'auront pas eu accès à la panoplie de loisirs, ni de parents qui les défendent à l'école ni les encouragent sans compter.

LES Y EN UN COUP D'ŒIL

Caractéristiques et valeurs des Y	
• Importance de la famille	• Difficulté à composer avec les écueils et les déceptions
• Importance de l'amitié	•Fidélité aux valeurs et aux priorités
• Conscience environnementale	• Acceptation de l'autorité
• Conscience sociale	• Performance en équipe
• Loyauté	• Ouverture au changement
• Vie adaptée à leurs besoins	• Relations interpersonnelles difficiles
• Hantise du temps qui passe	• Vision différente du travai
• Confiance précaire	• Vie réussie plutôt que réussite
• Tout leur est dû, naturellement	• Quête de sens

LE PARENT Y

De toute évidence, le jury est encore en délibération à ce sujet. Ce que nous observons est assez intéressant : les Y veulent des enfants, beaucoup d'enfants. Certains les veulent tôt et rapprochés ou, au contraire, un peu plus tard, comme leurs parents X. Ils sont très engagés, et les pères, très impliqués. Il semble y avoir moins de parents hélicoptères. Nous observons aussi un retour à plus de discipline et un désir de donner plus d'autonomie à leurs enfants. De plus en plus de parents demandent le retour des uniformes et du vouvoiement à l'école. D'autres tendent à restreindre le nombre d'activités parascolaires afin de consacrer du temps à des activités partagées par toute la famille. Plus question de passer le week-end à regarder ses enfants faire une activité ; dorénavant les activités se déroulent en famille.

Nous assisterons vraisemblablement, dans les prochaines années, à un certain retour du balancier, bien que cela reste à voir. En attendant, nous pouvons toujours observer et en reparler dans cinq ans.

PARTIE 2

ZONES DE CHOC
ENTRE LES GÉNÉRATIONS

Étudiées l'une après l'autre, les générations possèdent des caractéristiques qui non seulement sont le fruit de leur environnement, mais également celui de leur époque. Qu'arrive-t-il lorsque ces générations ont à partager leur quotidien dans la même époque ? Il se passe un peu de tout.Il existe ce que nous pourrions appeler des « zones de choc » entre les générations, des domaines où les conceptions sont si différentes qu'elles deviennent une source d'irritation importante.

DES CONCEPTIONS DIFFÉRENTES

Les différentes générations ont beaucoup en commun. Le travail, la vie de couple, les enfants et la vie sociale font partie du quotidien de la majorité des citoyens ; la plupart veulent réussir leur carrière et leur vie. S'ils ont tant en commun, pourquoi ont-ils alors autant de difficultés à s'entendre dès qu'ils travaillent ensemble ? C'est parce que les définitions et la valeur attribuées par chaque génération à ces divers éléments diffèrent. Bien connaître la vision de chaque génération sur ces questions permet de mieux comprendre l'attitude et les choix des autres, de dépersonnaliser les moments où la cohabitation est plus difficile et de fournir un outil pour aller de l'avant et coexister plus harmonieusement.Les prochaines pages mettront en lumière ces zones de discorde, là où les disparités de points de vue entre les générations sont les plus importantes et ont le plus d'impact dans les relations interpersonnelles, soit la place du travail, la place de la famille et la notion de réussite.

LA PLACE DU TRAVAIL

Qu'on le veuille ou non, nous passons la plus grande partie de notre vie éveillée au travail. Pour la majorité d'entre nous, le travail n'est pas un potentiel. Ce sont les attentes face au travail et la place qu'il occupe dans nos vies qui diffèrent d'une génération à l'autre. Il n'est donc pas étonnant que les conflits de générations soient non seulement plus nombreux au travail, mais aussi plus intenses.

Résumons et comparons ce qui a été dit précédemment. Les traditionnels n'ont pas souvent choisi leur profession. Malgré cela, ils ont accordé au travail beaucoup d'importance, même si les objectifs étaient assez élémentaires : survie et bien commun. Ils travaillaient pour faire vivre leur famille, pas pour réaliser leurs objectifs personnels. À l'époque, le travailleur était un pourvoyeur et un citoyen qui contribuait au bien-être de la société, pas un carriériste. Avoir du plaisir au travail venait en prime plutôt que d'être une exigence.

Quelque 20 années plus tard, les baby-boomers peuvent choisir leur métier. Leurs buts sont personnels et non dirigés vers les autres comme chez les traditionnels : la réalisation de soi, un bon salaire assorti de conditions de travail avantageuses ainsi qu'un statut social adéquat. En conséquence, ils accorderont la priorité au travail.

Pour la génération X, qui cherche un emploi en pleine récession économique, les choix de carrière se font véritablement une fois la situation économique stabilisée. Obligés de vivre de contrats en début de carrière, certains X décideront de redevenir travailleurs autonomes une fois que la stabilité sera acquise. Leurs objectifs : se démarquer, acquérir la sécurité et l'indépendance. Leur priorité étant la famille, le travail passera en second.

La génération Y, quant à elle, aura non seulement une multitude de choix de professions, mais aussi d'endroits où s'établir. La planète est pour elle un immense babillard d'emplois. Ses objectifs sont le plaisir, le sens et l'équilibre travail-famille-vie personnelle. Le travail se trouvera en troisième ou quatrième position dans la liste de leurs priorités, derrière la famille, les amis et les activités de loisirs.

En résumé, les baby-boomers visent la réalisation personnelle ; les X, à améliorer leurs compétences pour avoir plus d'indépendance ; et les Y cherchent un travail qui a du sens. Nos traditionnels ? Ils ont travaillé toute leur vie pour le bien commun. Quatre générations aux visions différentes et qui, lorsqu'elles ont à travailler ensemble, s'affrontent.

Pour illustrer cette situation, imaginez un instant un bureau où quatre générations se partagent l'espace, où le travail est pour l'un la priorité, pour l'autre pas, où l'un accorde une importance primordiale au plaisir, tandis que l'autre peut supporter l'ennui en contrepartie d'un gros chèque de paye. Comment chaque groupe déchiffre-t-il l'attitude des autres ? Comment les employeurs analysent-ils les comportements des employés d'une autre génération que la leur ?

Chaque génération décortique les comportements des autres à travers son propre prisme. Le baby-boomer, pour qui le travail a souvent priorité sur la famille, aura tendance à trouver les X et Y paresseux parce qu'ils ne font en général que les heures pour lesquelles ils sont rémunérés. Les X et les Y décodent dans la semaine de 55 heures du baby-boomer un manque d'organisation et d'efficacité, ou encore une vie sans équilibre, et non une façon de gravir les échelons et de réaliser ses ambitions.

Du même souffle, le Y qui quitte un emploi parce qu'il n'y trouve pas de plaisir aura de la difficulté à comprendre le vieil employé traditionnel, qui prend sa retraite après 40 ou 50 ans d'un travail qu'il n'a pas aimé. Pour le Y qui n'a pas connu les inquiétudes de la guerre et de la grande crise, le travail n'est pas une rareté qu'on doit conserver à tout prix en faisant abstraction de ses besoins personnels. Il aura tendance à voir les traditionnels comme des personnes exploitées et malheureuses. Chaque individu apporte évidemment des nuances à sa définition du travail ct peut lui donner une importance différente de celle de son groupe. Un X ou un Y né dans une famille qui a manqué de tout aura tendance à accorder plus de priorité au travail et à la rémunération qu'un autre qui sait qu'il peut compter sur ses parents en cas de besoin. On observe tout de même des tendances assez nettes chez les quatre générations.

Il n'est pas nécessaire que toutes les générations accordent la même priorité au travail dans leur vie et qu'elles aient les mêmes objectifs pour qu'un bureau fonctionne correctement. C'est plutôt dans la reconnaissance des différences de tout un chacun et en adaptant les modèles qu'on peut aller chercher le maximum chez chaque personne. Il en va de même quant à l'attitude de chaque génération face aux activités connexes au travail.

Pour les baby-boomers, le milieu de travail est l'endroit où ils se font des amis, discutent, créent des liens et des réseaux. Ils passeront avec plaisir du temps avec leurs collègues en dehors des heures de travail pour une partie de balle-molle ou un cinq à sept. En réalité, le lieu de travail et les collègues peuvent devenir leur seconde famille. Par contre, les X, qui compartimentent leur vie, ne souhaitent pas rester au bureau en dehors des heures de travail pour faire du social; leurs collègues sont... des collègues, sans plus. Ils pourront bien entendu nouer quelques amitiés, mais ils ne seront pas aussi intéressés à sortir en groupe et à partager leur vie personnelle. Les X ne se définissent pas par leur carrière. Du coup, nombre d'entre eux ne participeront aux activités sociales du bureau que s'ils y sont obligés, à moins d'y voir un avantage précis. Ne comptez pas sur eux pour fermer le *party*. Ils partiront tôt afin de rejoindre leur famille et se concentrer sur leur vie personnelle.

Quant aux Y, ils ne pensent pas en termes de carrière, mais bien de travail; en fait, ils ont un emploi. Cet aspect de leur vie ne les représente qu'en partie. Habitués à être en équipe et aimant faire partie d'une «gang», ils peuvent ajouter leurs collègues de travail à leur longue liste d'amis, mais s'en tiennent généralement aux personnes de leur équipe la plus proche. Lors d'activités organisées pour l'ensemble du service, par exemple, ils passeront la majeure partie de leur temps avec les cinq ou six personnes avec lesquelles ils travaillent quotidiennement, alors que les baby-boomers navigueront entre les différents groupes, trouvant important d'avoir des liens avec tout le monde.

Conclusion: malgré ce que pensent les collègues et les patrons baby-boomers, les X et les Y ne sont pas antisociaux parce qu'ils préfèrent partir tôt ou qu'ils ne se mêlent pas à tout le monde. L'aspect social au travail n'est pas une priorité pour eux, et les activités de groupe doivent être une source d'apprentissage ou de plaisir, pas une façon d'obtenir des promotions et de faire de la politique. D'un autre côté, les baby-boomers ne sont pas nécessairement des gens qui n'ont pas de vie à l'extérieur du bureau. Pour eux, faire du social est une façon d'améliorer les relations de travail et de créer des réseaux, ce qui rend, à leurs yeux, les tâches plus agréables et efficaces.

Il est naturel de vouloir créer des liens lorsqu'on prévoit passer plusieurs années au même endroit. La réalité d'aujourd'hui est telle que plusieurs personnes ne croient pas que cela arrivera ou elles visent déjà la mobilité professionnelle. Il est donc naturel qu'elles concentrent leur énergie ailleurs. Plutôt que de porter des jugements sur les attitudes différentes des collègues des autres générations, il faut plutôt reconnaître que la place qu'ils accordent au travail et le temps qu'ils consacreront aux activités connexes du bureau dépendent de plusieurs facteurs personnels et générationnels, et qu'ils ne sont nullement le reflet d'un manque d'intérêt ou de professionnalisme. Qui sait, l'évolution de leur vie pourra peut-être changer la donne ?

LA PLACE DE LA FAMILLE

Les traditionnels constatent avec raison que la famille n'est plus ce qu'elle était. Chaque génération en a une définition différente, et les modèles sont aussi diversifiés que les façons de s'y engager. Chose certaine, elle prend de plus en plus de place dans la vie des X et des Y. Depuis 30 ans, la société s'est tranquillement adaptée à la famille version XXIᵉ siècle, particulièrement au sein du secteur de l'éducation, où l'on doit maintenant tenir compte des différents modèles de famille dans l'organisation scolaire. Par exemple, les services de garde ou les horaires de rencontres avec les professeurs doivent maintenant répondre aux besoins de deux parents qui travaillent. Les écoles non seulement se sont adaptées, elles continuent de le faire quotidiennement.

Le monde du travail, quant à lui, tarde un peu à s'adapter, bien que cette zone de choc requière énormément d'attention. Nous l'avons dit, la priorité des X et des Y est la famille, alors que le travail est souvent celle des baby-boomers. C'est pourquoi les travailleuses baby-boomers ont souvent été en poste le plus longtemps possible avant d'accoucher et n'ont pris que quelques semaines de congé de maternité, même si certaines d'entre elles auraient pu demeurer plus longtemps à la maison. Évidemment, les congés de l'époque n'étaient pas aussi généreux, et beaucoup de nouvelles mamans n'avaient pas le choix. Quant aux pères, ils prenaient quelques jours et retournaient au travail comme si de rien n'était. En fait, pour ne pas nuire à la carrière et aux chances d'avancement des nouveaux parents, il ne fallait SURTOUT PAS que cela paraisse : pas de baisse de productivité et d'engagement, pas de demandes particulières qui rendraient les mères moins intéressantes aux yeux de l'employeur et, surtout, pas question de donner une chance aux autres collègues de prendre leur place. Elles mettront les bouchées doubles afin de rattraper le plus rapidement possible les semaines prises lors du congé parental.

Ces mêmes baby-boomers sont maintenant les patrons, superviseurs ou collègues plus âgés de parents X, ou de Y qui songent sérieusement à devenir parents. Bien que la majorité des collègues s'adaptent tout en ne pouvant s'empêcher d'envier les conditions actuelles, d'autres ont beaucoup de difficulté à s'y faire. Contrairement à ce qu'ils ont vécu, ils ont l'impression que, pour les X et les Y, ce n'est pas le nouveau parent qui doit ajuster sa vie à sa carrière, mais l'inverse. Le patron et l'organisation doivent modifier leur organisation et leurs attentes. Aux supérieurs de comprendre que la nuit a été courte pour le parent X et qu'il n'est pas en forme pour la réunion, à eux de s'ajuster pour le remplacer quand l'enfant a un rendez-vous médical, à eux d'accepter les refus de participer à des rencontres de plus d'une journée à l'extérieur de la région, de faire toutes les heures supplémentaires et d'absorber le surcroît de travail. À eux de se débrouiller pour trouver des personnes qui accepteront des promotions et plus de responsabilités. Évidemment, tous les parents X et Y ne sont pas comme cela, au même titre que tous les parents baby-boomers ne sont pas retournés immédiatement au travail. Il y a cependant une tendance réelle à exiger que la société change son modèle pour s'adapter aux nouvelles priorités et structures des familles ainsi qu'aux modèles qui demandent plus d'organisation de la part de deux parents qui travaillent.

Par ailleurs, on constate que ce n'est pas tant sur le plan des congés parentaux que le clivage entre les générations se fait sentir ; le principe et les règles sont acceptés par la majorité. Les irritants apparaissent surtout lors du retour au travail, quand les nouveaux parents X et Y changent leur rapport à celui-ci, quand leurs priorités évoluent de façon telle que les plans les mieux préparés de l'employeur tombent à l'eau. Cela ne se fait pas d'un seul coup. La plupart du temps, les employés sont heureux de revenir, mais découvrent que la conciliation travail-parent hélicoptère est épuisante. D'autres, influencés par le discours de plus en plus répandu dans l'opinion publique, selon lequel la présence de la mère ou du père à la maison durant les premières années de vie de l'enfant serait bénéfique pour son développement, ont de la difficulté à passer outre le sentiment de culpabilité qu'ils éprouvent lors du retour au travail. Être parent force à concevoir une façon différente de réussir sa vie professionnelle maintenant qu'il y a des responsabilités familiales. Le fait de ne pas aborder le sujet ni de préparer son milieu de travail à cette nouvelle réalité cause beaucoup de maux de tête aux gestionnaires.

LA NOTION DE RÉUSSITE

Pourquoi la notion de réussite pose-t-elle problème ? En fait, il s'agit d'un problème indirect. D'une certaine façon, c'est notre conception de la réussite qui détermine les efforts que nous mettrons dans les différentes facettes de notre vie. Pour atteindre nos objectifs de réussite, que ce soit sur le plan des études, du travail, de la vie familiale ou des loisirs, il faut de l'attention, des efforts. La notion de réussite personnelle comporte autant de définitions qu'il y a de générations et d'individus.

Il ne fait aucun doute que, depuis les baby-boomers, la définition de la réussite a bien changé. D'unidimensionnelle, elle est devenue multidimensionnelle.

Les baby-boomers ont été encouragés à réussir dans la vie. Comme il a déjà été mentionné, il fallait devenir quelqu'un, faire sa marque, avoir une carrière, la sécurité financière, un statut social. Pour de nombreux baby-boomers, la définition de la réussite est directement liée au travail, il n'est donc pas étonnant qu'ils y investissent autant.

Pour la génération X, réussir dans la vie se mesure d'abord à la réussite familiale, puis professionnelle. Elle passe obligatoirement par un meilleur équilibre entre les deux dimensions.

Les Y, pour leur part, ne parlent pas de réussir dans la vie, mais d'avoir une vie réussie. Comme les X, ils cherchent un équilibre travail-famille, mais leur désir d'avoir une vie multidimensionnelle les force à distribuer leur énergie dans une foule de directions à la fois. À l'occasion, les patrons observeront leurs employés Y investir plus dans leurs loisirs que dans leur travail, refuser des promotions pour passer plus de temps avec la famille ou démissionner pour partir en mission humanitaire ou réaliser un projet personnel.

Comment la définition de la réussite peut-elle devenir une source de conflits en milieu professionnel ? Lorsque la réussite des uns a un effet négatif sur celle des autres, par exemple dans l'allocation de son temps. Quand, pour son personnel, le sentiment de réussite passe d'abord par la carrière, le patron baby-boomer est heureux. Quand elle passe prioritairement par la famille, cela pose de nouveaux problèmes et, lorsque c'est tout ça et plus encore, cela peut devenir difficile à gérer.

Une médecin baby-boomer disait récemment avoir de la difficulté à accepter que ses collègues des générations X et Y veuillent travailler moins : « Je me vois mal faire une semaine de 50 heures ; j'ai un problème de conscience à ne pas consacrer le maximum de mon temps à mes patients. » Selon cette femme, les X et les Y ne vivent pas ce dilemme. En réalité, c'est faux. Ils ont eux aussi un problème de conscience, celui de ne pas passer suffisamment de temps avec leurs enfants et leur conjoint. La conception de professionnalisme des uns correspond à un sentiment d'échec pour les autres. Autre génération, autres priorités, autres définitions, autres réussites. Chacune a ses aspects positifs, aucune n'est meilleure ni pire.

LES SOURCES DE FRICTIONS

La place du travail, de la famille et la conception de la réussite sont sans contredit des zones où les visions des différentes générations s'affrontent avec le plus d'intensité. Il y a 20 ans, les employeurs géraient des conflits de personnalités ; à présent, ils doivent aussi gérer des conflits de valeurs.

La gestion est devenue l'art de s'adapter. Alors qu'on demande aux gestionnaires d'élaborer des plans triennaux et de prévoir l'avenir, la gestion des ressources humaines exige plutôt de s'adapter presque quotidiennement aux requêtes des différentes générations. Lorsque la majorité des employés font partie d'une même génération, c'est en général leurs conceptions du travail, de la vie familiale et de la réussite qui prévalent, et les autres s'adaptent. Cependant, les départs à la retraite et les nouveaux besoins de l'entreprise font en sorte que, graduellement, la génération majoritaire diminue en nombre et que les employés issus des autres générations, avec leurs conceptions différentes, prennent de plus en plus de place. En situation d'équilibre générationnel, les compromis sont plus faciles ; en situation de déséquilibre, tout change.

Prenons par exemple un bureau où l'on trouve 60 % de travailleurs baby-boomers, 30 % de X, 8 % de Y et 2 % de traditionnels . Les attentes des patrons quant au travail sont celles de la majorité, soit les baby-boomers. Lorsqu'ils commenceront à prendre leur retraite, ils seront remplacés par des X et des Y.

Grâce à leurs définitions qui se ressemblent, ces deux générations gagneront subitement de l'importance et pourront plus facilement critiquer et contester les politiques mises de l'avant par l'employeur, ce qu'elles n'auraient jamais fait auparavant, sinon avec un résultat mitigé. Le poids du nombre fera toute la différence dans l'attitude. La situation inverse est aussi vraie. Si la majorité des gestionnaires est remplacée en peu de temps par des X et des Y qui veulent changer les façons de faire, les employés baby-boomers, qui partageaient les mêmes valeurs que leurs anciens patrons, pourront se sentir bousculés et isolés. Dans certains milieux, ce changement peut s'opérer lentement et permet une adaptation en douceur. Par contre, dans les milieux où l'embauche de la majorité des employés s'est faite d'un coup et qu'un groupe important d'employés atteint l'âge de la retraite en même temps, cela se produit très rapidement. Le rapport de force des employés d'une même génération ou de générations qui partagent les mêmes opinions devient soudainement plus important et influence les relations avec les gestionnaires, bien entendu, mais aussi avec les collègues des autres générations.

Pour ajouter à la complexité, les gouvernements repoussent l'âge de la retraite. De plus en plus, nous voyons des retraités commencer une nouvelle carrière ou revenir chez leur ancien employeur à titre de consultants. Trois ou quatre générations peuvent se partager l'espace de travail. Les conflits de valeurs sont inévitables.

Le tableau à la page suivante résume et fait ressortir les différentes positions des générations sur les thèmes relatifs au travail et met la table, si l'on peut dire, pour les sujets dont nous discuterons. De toute évidence, tous les ingrédients sont là pour susciter des désaccords. Ce n'est pas étonnant que les gestionnaires ne sachent plus où donner de la tête !

Comment ces divergences d'opinions entre les générations se traduisent-elles dans la réalité ? En d'autres termes, quels sont les sujets sur lesquels ces divergences se font le plus sentir et deviennent non seulement une source de conflits, mais également un véritable défi pour les gestionnaires ? Les plus fréquents sont la notion d'effort, les heures supplémentaires, le degré d'autonomie, la propension au questionnement, la motivation, le sens des responsabilités, la relation au temps et sa gestion, le désengagement syndical et la place des technologies de l'information et de la communication. Les prochaines pages vont démontrer l'impact de ces aspects dans nos milieux de travail et proposer des solutions pour améliorer les choses.

	Traditionnels	Baby-boomers	X	Y
Institutions	Les repectent	Les changent	Ne leur font pas confiance	Ne s'appuient pas sur elles
Philosophie de vie	On se sacrifie pour les autres	On cherche la gratification personnelle	On ne peut dépendre que de soi	On veut une vie à la carte
Priorité	Remplir son rôle	Réussite	Enfants	Famille et amis
Travail	Responsabilité	Source de réalisation	Source de performance	Quête de sens
Attentes envers le travail	Sécurité	Progression	Autonomie	Défis
Attitudes au travail	Respect / discipline	Critique / ambition	Scepticisme / indépendance	Enthousiasme / plaisir
Vision de l'avenir	Patience et confiance	Confiance absolue	Difficulté à le prévoir	Priorité au présent
Relation au temps	Patience	Infini	Précieux	Peur d'en manquer

LA NOTION D'EFFORT

« Il s'attend à recevoir une médaille même si ses performances étaient sous la moyenne. » « Ils anticipent des résultats exceptionnels, mais ne donnent que le minimum d'efforts. » « Elle croit mériter une promotion et devenir cadre, alors qu'elle n'est avec nous que depuis six mois. »

La génération Y a la réputation de ne pas faire de lien entre le résultat et le degré d'effort. Pour un bon nombre de Y, c'est assez vrai. En conclure qu'ils ne font aucun effort est pourtant une erreur. Puisque maximiser leur temps est une priorité, les jeunes employés cherchent toujours la façon la plus efficace de faire les choses, celle qui prendra le moins de temps, qui sera la plus agréable et qui donnera le maximum de résultats avec le minimum d'effort. Ce n'est cependant pas de cette façon que les autres générations interprètent leur comportement. Les baby-boomers qui sont fiers des heures et des sacrifices qu'ils ont fournis pour atteindre leurs objectifs y voient de la nonchalance. Les X, plus pragmatiques, sont assez d'accord avec les Y pour améliorer l'efficacité. Par contre, vu leur grand professionnalisme et le fait qu'ils ont dû se battre dès le début de leur carrière pour se tailler une place, ils connaissent l'importance de l'effort. Les membres de la génération X sont, d'une certaine manière, un peu frustrés de voir que les Y sont rendus là où ils sont avec plus de facilité et qu'ils atteignent leurs objectifs plus rapidement et avec moins d'obstacles et d'effort.

Contrairement aux baby-boomers, les efforts des Y sont alimentés par leur passion, pas nécessairement par leur ambition. Ils ne sont pas indolents ; ils se font plutôt une idée irréaliste de tout ce qu'on doit accomplir, incluant les tâches moins intéressantes et plus fastidieuses, pour arriver au but. Observez un employé Y qui travaille à un projet qui le captive : il y met de l'enthousiasme, de l'intensité et ne comptera pas les heures. Il aura par contre tendance à surévaluer les retombées de son travail et à croire qu'après avoir travaillé à un projet ambitieux il n'aura plus à effectuer les tâches routinières et moins intéressantes. Il ne voit pas son cheminement à long terme, mais à court terme. Le Y aura tendance à offrir des efforts différents selon son degré d'intérêt pour le projet ; il n'adhère pas nécessairement à un code de travail qui stipule que tout ce qui doit être fait doit être bien fait. En conséquence, il peut offrir une performance globale en dents de scie alors que la direction s'attend à de la constance dans l'effort, peu importe la nature des tâches à accomplir.

Que faire ?

Les collègues plus âgés et le patron peuvent aider le Y en soulignant la causalité entre les bons résultats et l'effort déployé, ce qui lui permettra d'avoir des attentes plus réalistes, de ne pas se décourager et de demeurer dans l'entreprise. Non seulement faut-il prendre le temps de faire le lien entre effort et résultat, mais aussi entre manque d'effort et échec, et essayer le plus possible d'éliminer du vocabulaire le mot « chance ». Pour plusieurs Y, la chance est la raison du succès, et la malchance, celle de l'échec ; cela peut arriver, bien sûr, mais pas de façon systématique. Ce point peut être mis de l'avant lors de l'évaluation, par exemple. « Si ton projet a réussi, c'est que tu as pris le temps de lire toute la documentation à ce sujet ou que tu as rencontré plusieurs fois le comité pour valider tes suggestions. » « L'échec du projet est causé, en partie, par le fait que tu n'as pas pris le temps de vérifier les conséquences légales de ta décision et que tu as attendu à la dernière minute. » Prendre le temps de préciser l'impact concret des efforts permet à l'employé Y d'approfondir sa réflexion sur le sujet. Si la tâche est peu stimulante, il est encore plus important de préciser quels seront les bénéfices concrets des efforts. L'employé a-t-il appris une nouvelle technique ou fait la connaissance de nouveaux collègues ? Comment cet apprentissage pourra-t-il s'ajouter à son expérience et l'aider à atteindre ses objectifs ? Vous pouvez aussi donner des exemples de collègues qui ont progressé vers des projets de plus en plus stimulants à force de travail, de détermination et de constance.

Pour convaincre l'employé ou le collègue Y, il faut éviter, surtout si l'on est un employeur baby-boomer, d'en mettre trop et de jouer la carte du bourreau de travail qui a tout sacrifié pour atteindre ses objectifs, car on obtient alors l'effet inverse. Votre exemple doit résonner chez l'employé Y. Parlez plutôt des étapes qui vous ont mené là où vous êtes, telles des marches qu'on monte graduellement, et non pas d'un combat difficile à coup de sacrifices et où vous avez dû faire votre place en jouant du coude. Prenez également conscience que, avec l'avènement des technologies, les nouvelles façons de travailler et la pénurie anticipée de main-d'œuvre, une carrière qui mettait 20 ans à progresser en mettra fort probablement moins de 10 ans, sans que cela en diminue la valeur. Éventuellement, l'employé fera les liens nécessaires, mais il se peut que, malgré tout, il décide que les efforts n'en valent pas la peine et qu'il quitte l'entreprise. S'il demeure en poste, il conservera sa vision et ses valeurs, mais apprendra à les mettre en contexte, ce qui sera utile dans de nombreux aspects de sa vie.

LES HEURES SUPPLÉMENTAIRES

Pour les traditionnels, demander de faire des heures supplémentaires est la prérogative du patron, ils ne le remettent pas en question : cela fait partie de leur travail, et l'accepter sans discuter est un signe de loyauté. Pour plusieurs baby-boomers, les heures supplémentaires sont nécessaires lorsqu'on veut que les choses se fassent ; c'est également une façon de démontrer à son patron qu'on prend son emploi au sérieux, qu'on travaille fort, qu'on a de l'ambition. Pour les X et les Y, on s'en doute bien, c'est différent.

Cette source de frictions entre les générations est l'une de celles qui font le plus parler. Tous les employés, qu'ils soient de soutien, cadres ou membres de la haute direction, ont leur propre idée, souvent générationnelle, sur le sujet. La disponibilité pour faire des heures supplémentaires est directement proportionnelle à la place et à la définition qu'on accorde au travail, mais aussi à celles de la famille et à la réussite. Tous les gestionnaires le diront, les nouveaux paramètres – moins de temps pour réaliser des mandats, difficulté à trouver de la main-d'œuvre, changement rapide des conditions économiques et des marchés – font en sorte que l'organisation du travail est de moins en moins prévisible. Il faut faire plus, plus vite, avec moins. Même dans les milieux qui n'utilisaient historiquement que très rarement les heures supplémentaires, la donne change. Si l'on ajoute aux conditions citées précédemment les absences pour maladie ou pour raisons familiales ainsi que les démissions-surprises des Y, il y a de plus en plus d'occasions d'y avoir recours.

Que faire ?

Il est possible pour les gestionnaires et les équipes de travail de trouver un certain équilibre entre les besoins de l'organisation et les valeurs de chaque génération en choisissant des incitatifs qui les rejoignent. Il est presque inutile de pousser un X à travailler les fins de semaine en ne lui proposant qu'un plus gros chèque de paye. Par contre, cette stratégie pourrait plaire à un collègue baby-boomer. Si la tâche ne peut être exécutée que par un X, on peut lui proposer une reprise des heures supplémentaires en journées de congé qu'il pourra consacrer à sa famille, une option qui est plus en harmonie avec ses valeurs. Pour le Y, qui place le temps passé hors du travail en tête de ses priorités, cela pourra aussi donner de bons résultats, à la condition que le motif des heures supplémentaires ait du sens. Si cela permet à un projet auquel il croit d'aboutir, pas de problème ; si c'est parce que la direction a pris trop de retard pour donner des autorisations ou a mal évalué les besoins et que c'est le résultat d'une mauvaise planification, il sera beaucoup moins intéressé.

Les conceptions différentes ne sont pas nécessairement incompatibles, mais elles demandent des ajustements. Pour plusieurs entreprises, il est possible, avec un peu d'organisation, d'offrir diverses manières d'être compensé : en argent, en temps ou d'une autre façon, selon les motivations. Par exemple, les X aiment avoir la technologie la plus récente pour améliorer leur productivité et diminuer le besoin d'heures supplémentaires : pourquoi ne pas en faire une compensation qui aura un effet bénéfique sur leur quotidien et répondra à leurs objectifs ? L'important n'est pas que les compensations soient les mêmes pour tous, mais qu'elles soient équitables.

Il arrive que les choix des employés d'une génération puissent soutenir indirectement les choix d'une autre. Le baby-boomer parent d'enfants adultes qui, pour atteindre ses objectifs de réussite, accepte de faire des heures supplémentaires, peut permettre au X de consacrer plus de temps à sa famille. Le X qui conçoit des processus plus efficaces pour bien utiliser son temps a un impact positif sur l'organisation. Le Y qui multiplie les activités à l'extérieur du travail comme membre d'un club de hockey, d'un organisme citoyen ou à titre de président du conseil d'administration de la garderie peut faire profiter l'ensemble du groupe de ses expériences et de ses réseaux. Les générations X et Y croient que plus d'heures passées au travail ne signifient pas nécessairement que plus de travail a été réalisé. Diminuer les pertes de temps, travailler de façon efficace et viser l'équilibre travail-famille est probablement le signe d'une personne... équilibrée, ce qui ne peut qu'être bénéfique à l'ensemble de l'organisation.

Savoir comment les générations autour de nous perçoivent les heures supplémentaires et quelles sont leurs contraintes et leurs priorités permet de faire la part des choses, d'éviter les malentendus, d'avoir des attentes réalistes et de prendre les décisions qui permettront à tous d'y trouver leur compte et, à l'entreprise, de progresser.

LE DEGRÉ D'AUTONOMIE

Aux yeux des baby-boomers, beaucoup de Y semblent incapables ou peu intéressés à penser ou à agir de façon autonome, alors que les X en veulent toujours plus. Les Y ont appris très jeunes à suivre les directives, à plaire et à bien travailler. Selon plusieurs conseillers en orientation, la nouvelle génération a une piètre connaissance de soi. La formation de l'identité est déficiente. Bien qu'elle ait acquis plusieurs compétences et habiletés, celles-ci ont souvent été suggérées par les parents et non par l'enfant. Ce sont les parents qui ont décidé du choix des activités ou des cours d'appoint selon les objectifs d'apprentissage qu'ils ont jugés comme importants. Par conséquent, les jeunes Y ont de la difficulté à déterminer ce qu'ils aiment vraiment. Les employeurs s'en rendent compte lors de l'entrevue d'embauche : si les Y peuvent énumérer de tout ce qu'ils ont fait, ils ont de la difficulté à reconnaître les compétences acquises et donner une bonne description de leur personnalité. Les conséquences sont diverses : ils choisiront une formation mal adaptée à leurs goûts et leur nature ou postuleront à des emplois ne leur convenant pas. S'ils ont fait le mauvais choix, ils croiront qu'ils sont incompétents ou que le milieu ne les a pas assez soutenus, avec pour conséquences les désistements hâtifs, les abandons, les démissions. La peur d'échouer et de décevoir est un frein à leur autonomie, car, une fois sur le marché du travail, ils ont souvent besoin de plus d'encadrement que leurs collègues. Ils ne voudront pas risquer de se tromper ou de ne pas répondre aux attentes ; du coup, ils poseront sans cesse des questions et auront besoin d'être constamment validés. Les Y ont besoin de règles, d'un cadre, de précision et de beaucoup de suivi.

Pour le gestionnaire et les employés qui travaillent avec des X, par contre, c'est tout le contraire. Plus on les surveille, plus on essaie de les contrôler, plus ils se rebiffent. Habitués à s'organiser seuls, autonomes depuis l'enfance, il faut quelquefois les surveiller à distance afin qu'ils n'aillent pas trop loin de leur propre chef.

Pour les gestionnaires baby-boomers, gérer ces deux générations dans le même environnement de travail est un casse-tête qui, en partie, entre en conflit avec leurs valeurs. Ils ont eu comme philosophie d'abolir les règles contraignantes afin d'acquérir plus d'indépendance au travail tout en gardant un lien ouvert avec la direction ; face à un Y qui demande un encadrement et un suivi ou un X qui préfère avoir peu de contacts, ils sont déroutés. Là où le baby-boomer voit une façon de travailler dépassée et inintéressante, le Y voit un outil pour pouvoir livrer la marchandise sans perdre de temps ; là où le Y voit une occasion de faire équipe avec la direction tout en gardant de l'autonomie, le X y voit un manque de confiance en ses compétences.

Que faire ?

Les attentes et les objectifs de l'employeur doivent être clairement énoncés, autant pour les X que pour les Y. Plus ils seront précis, plus les employés pourront adapter leur façon de travailler et se sentir soutenus. Le patron doit d'abord discuter du degré d'autonomie et d'encadrement qu'il entend offrir à ses employés. S'il a à choisir un supérieur pour un X dans le cadre d'un projet, par exemple, le patron ne doit pas opter pour un responsable contrôlant, qui demande sans cesse comment ça va et qui ne donne pas beaucoup de marge de manœuvre : ça ne marchera pas très longtemps. Par contre, si le supérieur peut fonctionner avec un rapport bimensuel plutôt qu'hebdomadaire, le X se sentira à l'aise. Les X sont sérieux et autonomes, il suffit de leur donner de la liberté et de bons outils.

C'est une autre paire de manches pour les Y, alors qu'il ne faut pas nécessairement les retenir, mais encourager leur autonomie. Cela se fait paradoxalement, en établissant un encadrement plus serré et en précisant, outre le comment, quels sont les objectifs, les échéanciers, les motifs des décisions. Quelles sont les compétences qui font de lui le candidat idéal à ce travail, quelles sont celles qu'il devra acquérir? Toutes ces informations permettront au Y de gagner en confiance et en autonomie. Il faut ensuite préciser la marche à suivre et comment on veut travailler ensemble, afin que le Y comprenne bien les balises qu'il aura à respecter. Par exemple, il arrive que des supérieurs rencontrent un nouvel employé une fois par semaine en début d'emploi, en se disant que dans trois mois l'employé saura se débrouiller seul. Ils sont très surpris de réaliser qu'au bout de ces trois mois, l'employé Y a encore besoin d'une rencontre hebdomadaire. C'est simple, jamais l'employé n'a su que cette manière de fonctionner se terminerait : il a adapté sa façon de travailler au modèle qui lui a été présenté. Il a pris peu de notes et se fie à son supérieur pour les décisions. Si l'on s'attend à de l'autonomie après un certain temps, il faut le dire dès le départ et préciser que les rencontres s'espaceront, que l'employé doit donc être plus attentif et écrire les informations importantes. La génération Y s'attend à avoir un degré de latitude élevée, mais ne maîtrise pas complètement les outils pour y arriver.

LA PROPENSION AU QUESTIONNEMENT

Plusieurs patrons sont exaspérés par des Y qui, selon eux, manquent de respect et remettent en question leurs décisions parce qu'ils demandent sans cesse «pourquoi?». Serait-ce un signe qu'ils ne sont pas intéressés? «Je lui ai demandé de faire ceci, il m'a répondu «pourquoi?», ça veut dire qu'il ne veut pas le faire et qu'il trouve la demande stupide.» Or, lorsqu'un Y demande : «Pourquoi me demandez-vous de faire ceci?», cela peut vouloir dire : « Je ne comprends pas l'utilité de cette tâche alors que j'ai tel ou tel truc à faire qui me semble plus utile dans mes fonctions» ou «Pourquoi faire cette tâche maintenant, alors que vous m'avez dit que la priorité est de répondre au téléphone?» Le Y questionnera sans arrêt, jusqu'à ce qu'il soit bien certain de la marche à suivre. Le flou et le chaos sont pour lui une source de stress et une perte de temps. Les baby-boomers et les X posent les questions qui les aideront à mieux faire leur travail, les Y en ont aussi besoin pour se rassurer et se motiver.

Que faire ?

Le X ainsi que le Y s'attendent à ce que le supérieur donne plus que le minimum d'explications. Normalement, quelques minutes de plus sont suffisantes. Il ne s'agit ni de justification ni d'une remise en question de l'autorité. Par exemple, si vous avez besoin d'un rapport statistique pour une réunion et que la salle d'attente est bondée de clients, alors que la priorité est le service à la clientèle, prendre le temps de préciser que vous avez besoin du rapport pour une rencontre qui a lieu dans deux heures donnera la chance à l'employé de trouver un moment pour le faire, tout en nuisant le moins possible à la clientèle. Il s'agit simplement de donner à l'employé ce qu'il a besoin de savoir.

En général, le sens des pourquoi n'est pas farfelu. Si le gestionnaire ne connaît pas la réponse ou ne peut divulguer l'information, qu'il le dise clairement. L'employé sera content d'avoir l'heure juste et que vous ayez pris quelques minutes pour lui. L'important n'est pas de donner des explications chaque fois, mais qu'il sache que lorsque cela est possible, vous le faites. Un patron qui prend le temps d'expliquer démontre aux X et Y qu'ils sont importants pour l'organisation et qu'il se préoccupe de sa réussite. Plus il y a de détails et d'occasions d'interactions, surtout pour le Y, plus le résultat risque d'être bon. Au lieu de simplement dire : «J'ai besoin d'un rapport statistique sur les visites de la clientèle», vous pouvez ajouter : «Ce rapport sera présenté à tel groupe, lors de la rencontre prévue à tel moment, et les résultats nous aideront à prendre telle décision.» Le Y et le X auront une idée plus juste de la demande et pourront vous proposer d'ajouter d'autres données, de présenter le rapport sous un format plus convivial, etc. Il y a de fortes chances pour qu'ils vous fournissent un travail beaucoup plus complet, utile et mieux adapté à votre besoin. Le Y comme le X pourront le produire de façon très autonome une fois qu'ils auront compris le besoin et le pourquoi. Donner plus d'informations et répondre aux questions améliorent de façon substantielle la performance des Y et rassurent les employés X sur vos propres motifs.

LA MOTIVATION

Pour être motivé, le baby-boomer a besoin de responsabilités et de bonnes conditions, il est stimulé par son esprit de compétition, ses ambitions, ses désirs de changer les choses et ses objectifs de réussite professionnelle et financière. La motivation du X est quant à elle liée au niveau de responsabilité et au sentiment qu'il améliore ses compétences dans un climat de liberté. Plus il a de contrôle sur son environnement de travail, plus il est performant; plus il est reconnu pour sa compétence, plus il est motivé. Le Y est poussé par les défis qu'on lui propose au bureau, mais aussi par ses propres projets qui sont aussi importants, sinon plus, que sa carrière. Sa vie se déroule de façon globale : si ses conditions de travail lui permettent de réaliser en même temps ses projets personnels, il sera plus enthousiaste que jamais. Un employeur qui tient compte de ce facteur augmente le degré de motivation de l'employé Y envers l'entreprise, puisqu'il prend en compte l'ensemble de ses besoins.

Le degré de motivation des Y dépend aussi de la perception qu'ils ont de l'importance des enjeux, en fonction de leurs valeurs, ainsi que de l'utilité réelle du projet. Si les objectifs sont vagues ou abstraits, que la tâche est répétitive ou encore que les règles de fonctionnement ne sont pas claires, la motivation risque d'être faible. Par contre, si le projet est concret, rejoint leurs valeurs, rapporte des dividendes réels, du plaisir et le sentiment d'avoir été utiles, ils seront plus motivés que jamais. Pour eux, plus que pour toute autre génération, le sens des choses détermine le degré de motivation. Il est presque inutile de croire que des avantages financiers augmenteront le degré de motivation des Y, comme cela est possible avec les baby-boomers et certains X. Cela pourra fonctionner quelque temps, mais ça ne comblera jamais les attentes à long terme. La motivation est proportionnelle à la passion et au sentiment d'utilité. Ainsi, lorsqu'un Y se présente à votre bureau en disant qu'il s'ennuie, c'est un signe à ne pas rater si vous voulez qu'il reste dans l'organisation. Surstimulés depuis leur enfance, les Y ont besoin que ça bouge, que les choses avancent et ils doivent être certains qu'ils ne perdent pas leur temps.

Que faire ?

Le patron qui rassemble son personnel pour lui faire part d'un projet important a tout intérêt à moduler sa présentation pour mettre en valeur les différentes facettes qui seront la source de motivation de ses trois ou quatre groupes d'employés. Afin que chaque génération y trouve son compte, un réel changement de modèle est nécessaire, pas seulement de petites modifications de la méthode habituelle. La cohabitation des trois ou quatre visions est possible, certes un peu plus compliquée qu'un modèle unique, mais, au moins, elle fonctionne. La motivation à demeurer avec un employeur et à lui donner le maximum dépend de la combinaison des tâches à accomplir, de l'ambiance et des conditions de travail. Pourquoi ne pourrait-il pas y avoir deux systèmes qui cohabitent, au choix ? Les raisons qui motivent les uns et les autres à s'investir dans leur travail sont différentes, mais pas incompatibles. Par exemple, choisir la reprise en temps ou en argent pour les heures supplémentaires, la formule complète dans les avantages sociaux, ou au contraire la possibilité de gérer soi-même l'argent destiné à sa retraite ou accepter un horaire atypique pour dégager du temps pour sa vie personnelle donne à chacun une motivation additionnelle de demeurer avec l'employeur. Nous l'avons dit plus tôt, nous vivons à l'époque du sur-mesure et de l'apologie des différences. Le temps où toutes les conditions devaient être identiques, peu importe la génération, est révolu.

Prenez le temps également d'expliquer l'importance du rôle de chacun, de la tâche à accomplir et vérifiez s'ils ont reçu suffisamment d'information sur les objectifs à atteindre. Le baby-boomer a besoin d'être stimulé par le projet et d'en voir le potentiel ; le X, d'être rassuré sur le fait qu'il a sa place, que vous le respectez et que vous avez besoin de ses compétences ; le Y, de savoir combien vous l'appréciez et que sa contribution est essentielle et change concrètement les choses. Si l'un ou l'autre est démotivé, ne supposez pas que vous en connaissez la cause et tentez plutôt d'en découvrir les raisons. Il y a de fortes probabilités que ce qui les démotive soit différent de ce qui vous toucherait personnellement. Il ne suffit parfois que d'une rencontre ou de quelques échanges pour donner à chacun le coup de pouce dont il a besoin.

LE SENS DES RESPONSABILITÉS

Les Y ont entendu leurs parents dire : « Ce n'est pas sa faute. » Alors ils finissent par dire, quelques années plus tard : « Ce n'est pas ma faute. » Comme tous les enfants, ils ont appris en écoutant et observant leurs parents, qui, trop souvent, ont assumé leurs responsabilités à leur place ou ont pardonné leurs fautes sans trop les réprimander. Du coup, la réussite ou l'échec sont pour les jeunes Y presque uniquement la responsabilité du patron ou de l'entreprise. Lorsqu'ils n'ont pas la promotion demandée, c'est le système d'attribution ou les règles de la convention collective qui sont en cause, ou encore c'est le patron qui est fautif et ne sait pas reconnaître un vrai talent. Certains Y ont eu peu d'occasions de développer leur sens des responsabilités et, franchement, n'y voient pas de réels avantages. Un adulte qui prend les décisions difficiles et assume les conséquences à sa place, c'est plutôt agréable, non?

Encore là, les temps ont bien changé. Pour un traditionnel, recevoir plus de responsabilités était un gage de confiance; pour le baby-boomer, c'était la récompense de l'excellence de son travail, un signe d'émancipation; pour les X, c'est l'atteinte de l'indépendance et du contrôle sur leur vie. L'augmentation des responsabilités est un signe du passage à l'âge adulte. Contrairement à ses prédécesseurs, la génération Y semble repousser ce moment le plus possible. Il n'y a pas d'urgence à devenir adulte!

Les traditionnels, les baby-boomers et les X ont une vision assez large de leurs responsabilités. Ils ont appris à anticiper et à mesurer les impacts de leurs décisions sur autrui. Par contre, pour beaucoup de Y, la responsabilité est surtout personnelle. Ils effectuent leurs choix en fonction de leurs désirs et de leurs ambitions, et croient que tout se passera pour le mieux. Si cela ne marche pas, les adultes en position d'autorité devront remédier à la situation. Ils n'ont pas été habitués à évaluer les conséquences de leurs actions sur les autres et leur organisation, d'où cette réputation d'irresponsabilité. Si une action entraîne des reproches, le Y argumentera *ad nauseam* du fait que ce n'est pas sa faute, il cherchera des coupables et, surtout, tentera de trouver les personnes qui régleront le problème. Le sens des responsabilités et l'évaluation des conséquences de leurs actions sont encore en développement chez beaucoup de Y.

Que faire?

Le défi le plus important est d'amener le sens des responsabilités des Y au même degré que celui des baby-boomers et des X. Là encore, il faut donner des explications et des détails. Précisions, précisions, précisions, nous ne le dirons jamais assez. Il faut faire réaliser au Y, grâce à des exemples concrets, quelles sont ses responsabilités et les conséquences de ses actes ou de son inaction. S'il n'avertit pas de son absence, par exemple, quelles seront les conséquences sur le reste de l'équipe et l'horaire de travail; s'il ne livre pas le projet à temps, quelles seront les pertes financières ou autres. Démontrez que plus il est responsable, plus cela lui apportera des défis intéressants. Servez-vous d'exemples véridiques, ne parlez pas en termes vagues, prédisant une catastrophe imprécise s'il n'assume pas ses responsabilités. Prenez le temps d'expliquer les conséquences réelles de choix irresponsables. Si le gestionnaire connaît les ambitions de son employé, il peut démontrer le lien entre l'accomplissement de ses responsabilités, une bonne attitude professionnelle et l'atteinte de ses objectifs. Une chose est certaine : habitué à travailler en équipe, l'employé Y aura souvent le réflexe de partager la responsabilité avec les autres membres ; c'est au gestionnaire de définir avec précision les responsabilités qui sont les siennes et celles appartenant au groupe, pas question de se défiler !

LA RELATION AU TEMPS

Selon la conception traditionnelle d'une vie réussie, il y a un temps pour tout, qui guide les choix de vie, leur chronologie et l'énergie consacrée à chacun. Cette vision, principalement celle des baby-boomers et d'une grande majorité de X, s'énonce comme suit : en premier lieu, les études. Si l'on veut réussir, elles doivent être la priorité jusqu'à l'âge adulte. On trouve ensuite un travail et on y consacre la majorité de son temps. Viennent ensuite la vie de couple et les enfants, où le temps est alors divisé entre la famille et la carrière. Finalement, une fois les enfants partis et la carrière établie, on peut enfin prendre du temps pour soi. Pour les gestionnaires qui planifient le travail et les besoins en main-d'œuvre, ce modèle est rassurant et permet d'anticiper les besoins et les mouvements de personnel dans le cas où il est partagé par tous.

Encore là, la génération Y perçoit les choses autrement. La vision linéaire de la réussite par les baby-boomers et certains X fait place à une vision non linéaire. Certains peuvent choisir d'avoir des enfants avant d'avoir terminé leur baccalauréat, d'autres de quitter leurs études à quelques mois de l'obtention de leur diplôme pour participer à une mission humanitaire ou changer complètement de domaine après seulement cinq années sur le marché du travail à pratiquer le métier pour lequel ils ont étudié sept ans. Tournant le dos à la sécurité d'emploi, à l'ancienneté et aux promotions qui l'accompagnent, ils cherchent la variété plutôt que la constance. Pour les partisans de la vision traditionnelle, ces choix «risqués» peuvent mettre en péril leur réussite.

Le Y ne fait pas de plans d'avenir, il a peu d'objectifs à long terme, il fonctionne comme il a appris, en mode projet. Au lieu de planifier son avenir professionnel et personnel avec des résultats et des moments précis dans une suite logique, il fait plutôt la liste des projets qu'il aimerait réaliser au cours de sa vie. Pas de date fixe, pas d'objectif financier ou de statut à atteindre, mais une liste désordonnée qui peut comprendre divers éléments : être en couple et avoir des enfants, retourner aux études pour changer de métier, visiter l'Asie, construire un voilier et voguer jusqu'en Amérique du Sud, démarrer une entreprise d'économie sociale ou bâtir une maison intergénérationnelle pour vivre près de ses parents vieillissants. Pour le Y, il n'y a pas de chronologie à suivre. Non, la réalisation des projets se fera plutôt quand les conditions seront réunies. Ils peuvent donc quitter un travail qu'ils aiment après seulement deux ans, un programme d'études avant l'obtention du diplôme ou un projet avant sa réalisation ; si l'occasion se présente de réaliser l'un ou l'autre des éléments de la liste, certains n'hésiteront pas et se lanceront tête première dans cette aventure dont ils ont « toujours rêvé », sans égard aux conséquences à moyen et long termes. « Je m'arrangerai bien rendu là. »

Que faire ?

D'abord, accepter que nos ambitions ne soient pas nécessairement les leurs, que leur façon de voir la vie soit complètement différente de la nôtre. Ni meilleure ni pire, seulement différente. Cela ne veut pas dire qu'ils ne pourront pas contribuer à la société de façon positive ni être des employés performants. Ils y contribueront autrement. Il faut aussi accepter que l'époque où les gens aspiraient à demeurer avec le même employeur tout au long de leur carrière est bel et bien révolue. Dans les entreprises manufacturières, beaucoup de chaînes de production sont maintenant en mode *just in time*. Il en va de même pour la gestion des ressources humaines, qui doit aussi prévoir une structure permettant la formation de nouveau personnel à tout moment, grâce à des modèles souples et variés. Le rapport au temps a changé ; le rapport au travail également.

Une vie menée de façon non linéaire présente de nouveaux défis pour les employeurs. Dorénavant, les patrons doivent prévoir les congés de maternité et de paternité, les années sabbatiques des X ou des Y, les absences pour formation des X, les changements d'orientation des Y et les demandes-surprises à la dernière minute.

Prenons un exemple concret. Un employé Y se présente à votre bureau pour vous informer qu'il veut un congé sans solde pour réaliser un projet personnel à l'étranger, et cela, après seulement deux années à votre emploi. Vous expliquez que ce n'est malheureusement pas possible, la convention collective ou le contrat ne le permettant pas si tôt, et qu'il faudra attendre quelques années. Si vous êtes comme plusieurs gestionnaires québécois, vous avez la surprise de vous faire répondre que, même s'il est dommage que les règles actuelles ne permettent pas d'effectuer son projet, il partira tout de même. Sans doute a-t-il mal compris? Vous expliquez de nouveau qu'il perdra son poste et tous ses avantages, et qu'il n'évalue pas toutes les conséquences négatives que cela pourra avoir sur sa carrière et son avenir, mais cet employé a déjà la tête ailleurs et ne vous écoute plus. Il n'a même plus envie de travailler pour vous, car vous ne le comprenez pas et ne soutenez pas ses projets de vie.

Vous ne pouvez probablement pas changer les règles, même si vous trouvez son projet emballant. Quelle solution s'offre à vous? Vous vous doutez bien que vous ne pouvez le contraindre à rester, mais vous pouvez par contre utiliser «la politique de la porte ouverte». Expliquez-lui qu'il y a des limites à votre pouvoir, bien que vous trouviez son projet emballant. Énoncez clairement les conséquences : il perdra son poste et sera remplacé. Ensuite, encouragez-le et gardez la porte ouverte. Ce n'est pas un «tant pis et bonne chance», mais plutôt un au revoir. Demandez-lui de vous donner des nouvelles de son projet et qu'il passe vous voir à son retour. Le poste sera pourvu c'est vrai, mais qui sait si l'une de vos employées ne partira pas en congé de maternité ou qu'un poste ne sera pas libéré parce qu'un autre aimerait travailler à temps partiel pour s'occuper d'un conjoint malade à ce moment précis? Peut-être aurez-vous un gros projet en vue et chercherez justement une ressource temporaire? N'est-il pas plus logique et efficace de reprendre un employé que vous connaissez, et surtout qui connaît votre culture, que d'en former un nouveau, qui pourrait aussi partir après quelques années seulement? Même si les conditions sont inférieures à celles qu'il avait précédemment, les probabilités qu'il revienne auprès de vous sont assez bonnes. Il vous respectera, ainsi que l'entreprise qui l'a appuyé et lui a ouvert ses portes. Vous pourriez même envisager avec lui un nouveau modèle d'embauche permettant de garantir la présence à l'emploi pour un temps déterminé, puis une absence planifiée. Étonnamment, si l'employé sait que le moment venu il pourra partir, cela le fera rester plus longtemps. Et qui sait, l'expérience qu'il aura acquise lors de son absence pourrait être bénéfique à votre entreprise.

Le temps entre les différentes étapes de la vie n'est pas redistribué comme avant, le travail n'occupe plus la première place, mais cela ne veut pas dire que l'employé ne donnera pas son maximum pendant qu'il sera avec vous. C'est là que se trouve la loyauté des Y, dans le moment présent, à faire de son mieux, et non pas dans la durée. Des employés qui mènent leur vie de façon non linéaire plutôt que séquentielle sont certes plus difficiles à gérer, mais gérer des employés heureux, motivés et qui acquièrent des compétences est loin d'être inintéressant.

L'ENGAGEMENT SYNDICAL

L'époque des baby-boomers aura vu naître et croître de nombreux mouvements sociaux, associations professionnelles, regroupements politiques et syndicaux, qu'ils ont joints avec enthousiasme. Puis surprise! La génération suivante ne semble pas aussi intéressée à suivre l'impulsion. Plus soupçonneux des organisations qui les ont souvent déçus, plus individualistes et sceptiques face aux réelles possibilités de changer les choses, les X s'engagent avant tout auprès de leur famille. En raison de leur situation économique précaire, ils se concentrent sur ce qui peut les faire avancer personnellement: les associations de diplômés, les regroupements professionnels, les comités de parents. Une fois l'ère des contrats terminée, ils s'engagent dans les syndicats pour améliorer leur sécurité d'emploi, faisant de la justice et de l'équité entre les membres leur cheval de bataille, surtout après l'apparition des clauses d'antériorité (grand-père) dans les conventions collectives, qui limitent les avantages des nouveaux employés pour conserver ceux des employés plus âgés. Ces clauses expliquent en partie l'absence de loyauté des X et des Y envers l'employeur et les collègues de travail, décriée par ceux-là mêmes qui l'ont suscitée. N'ayant pas de conditions de travail optimales, les X et les Y s'intéressent aux questions qui ont un impact direct dans leur vie, mais, par choix ou par nécessité, ne s'y investissent pas nécessairement à 100%. En outre, l'omniprésence des baby-boomers à la tête des organisations syndicales freine à l'occasion l'ardeur et le goût de s'engager des X et des Y. Toujours présents dans les comités de direction et poussant leurs idées, les baby-boomers font des propositions en accord avec leur vision du travail et de la réussite, mais qui ne conviennent souvent qu'aux plus anciens. De plus, leur propension à évoquer les luttes épiques qu'ils ont supposément menées pour les générations suivantes, en les traitant ensuite d'enfants gâtés sans reconnaissance, ne fait rien pour améliorer les choses.

À l'occasion, certains X donnent l'impression qu'ils font du syndicalisme surtout pour surveiller le syndicat et se protéger. Quelquefois difficiles à mobiliser, ils ne seront pas toujours disponibles pour les manifestations et les assemblées, mais leur voix se fera tout de même entendre. Critiques, sarcastiques et cyniques à l'occasion, ils utiliseront la plume pour partager leur opinion et les causes qu'ils souhaitent appuyer. Souvent obligés dans leurs luttes de rejoindre les baby-boomers, qui pourtant ne leur ont pas fait de cadeaux, la vie syndicale des X sera quelquefois inconfortable.

Les organisations syndicales observent également que plusieurs Y sont absents des réunions et des assemblées, à moins que la situation ne l'exige. Toutefois, de là à penser qu'ils sont antisyndicats, il y a une marge. Pourquoi perdraient-ils du temps à se taper une réunion où ils sont minoritaires, entourés de personnes qui n'ont pas les mêmes objectifs qu'eux et une vision, à leur avis, passéiste du syndicalisme et des relations patron-employés ? Se faire traiter de naïfs ou d'extrême droite parce qu'ils accordent plus d'importance à la compétence qu'à l'ancienneté, qu'ils proposent une nouvelle façon de travailler, d'obtenir des promotions ou de préparer les horaires de vacances ne les intéresse guère. Être soupçonnés de manque de loyauté parce qu'ils veulent faire équipe avec le patron les insulte. Ils ne remettent pas en question l'utilité des syndicats, mais plutôt les principes mis de l'avant par les organisations depuis 40 ans et qui ne leur ressemblent en rien, ainsi que leur absence de pouvoir réel pour changer les choses tant qu'ils y seront minoritaires.

Autant la présence d'un syndicat dans une entreprise était un facteur positif dans le recrutement de personnel à l'époque des baby-boomers et des X, autant il peut être un frein pour une catégorie de Y. Il n'est pas rare d'entendre un jeune Y, lors d'une entrevue d'embauche, s'enquérir des règles de promotion et de mobilité, et demander des précisions sur les grands principes des conventions collectives en vigueur. Certains candidats, pourtant en bonne position pour l'obtention d'un poste professionnel, décident de laisser tomber et quittent l'entrevue sur-le-champ, trouvant les règles de la convention trop contraignantes. La sécurité d'emploi est certes intéressante, mais pas au prix de ce qu'ils considèrent comme de l'immobilisme et de la protection envers des employés incompétents. Les Y, de par leur nature, font confiance aux autres tout comme ils ont confiance en eux-mêmes. Ils analysent le monde du travail de façon logique et pragmatique : la personne la plus compétente devrait obtenir le poste, celle qui en fait plus devrait être récompensée, celui qui se traîne les pieds devrait en subir des conséquences. Les patrons sont des collègues et des partenaires, ils font partie de l'équipe.

Lorsque le travail qu'ils visent est dans une entreprise déjà syndiquée, ils y resteront tant et aussi longtemps que leurs besoins professionnels et leur passion seront comblés. En fait, ils auront tendance à tester les limites du système : ils essaieront de négocier des aménagements, militeront pour le libre choix d'appartenance au syndicat et proposeront des projets-pilotes pour démontrer le bien-fondé de leurs revendications. Cependant, dès qu'ils se feront dire que leur vision est irréaliste et utopiste, ou que leur façon de concevoir les relations de travail est impossible, ils quitteront l'entreprise pour une autre non syndiquée, pour devenir travailleurs autonomes ou mettre de l'avant leur propre entreprise, dans laquelle l'organisation du travail sera différente.

Les patrons devraient-ils se préparer à ce nouveau modèle de relations de travail, qui est à nos portes ? Les associations et syndicats qui peinent parfois pour obtenir le quorum devraient-ils s'interroger sur leur avenir et leurs façons de faire ? Probablement. Essayer encore une fois de rafistoler le modèle actuel et tenter de convaincre la génération Y de le perpétuer ne convient de toute évidence pas toujours à la relève et représente une perte de temps qui nous empêche tous d'avancer.

Que faire ?

Difficile d'établir la confiance, l'appartenance au groupe et l'engagement quand on doute de votre honnêteté. Pour ce faire, il faut viser la transparence, des règles de gouvernance irréprochables et l'ouverture aux nouvelles idées, une réelle ouverture, pas de petits changements superficiels destinés à calmer l'énergie des Y et les récriminations des X pour qu'ils adhèrent au système. Les négociations avec l'employeur doivent et peuvent se faire autrement. Pour les X, les ententes de coulisses, les stratégies secrètes, les jeux politiques ne font que générer les suspicions, même si, par le passé, ces méthodes ont pu donner de bons résultats. Ils doutent de la bonne foi de leurs dirigeants, il ne faut pas en rajouter. Il faut reconnaître que les enjeux ne sont plus les mêmes, et les blessures du passé, encore présentes. Quand le cœur de la négociation consiste à offrir des conditions de travail inférieures aux jeunes employés pour garantir les avantages des plus vieux, les X et les Y décrochent complètement. Les X ont connu ce régime et s'attendent, d'une certaine façon, à ce que les associations et les syndicats fassent amende honorable et corrigent ces injustices en acceptant, à leur tour, des compromis pour l'avenir de ceux qui resteront au travail. Si en plus on offre de meilleures conditions d'embauche aux Y pour les attirer dans une période de pénurie de main-d'œuvre, alors la coupe déborde ! Si l'on veut que les X et les Y s'engagent dans la vie syndicale, il faut qu'ils soient entendus et qu'ils y trouvent leur compte. L'engagement syndical peut se vivre autrement. Les assemblées syndicales se terminant à 18 heures sont incompatibles avec la vie des jeunes parents qui doivent courir à la garderie, préparer le souper et superviser les devoirs. Au printemps 2012, le syndicalisme étudiant a démontré qu'avec l'arrivée des technologies de la communication l'information peut circuler en dehors des assemblées et qu'il est facile d'organiser des manifestations de milliers de personnes, mais que ce n'est pas toujours nécessaire de faire des heures de route en autobus scolaire pour se rendre au Parlement avec pancartes et porte-voix, surtout lorsqu'on est sur le marché du travail et qu'on a des responsabilités familiales. Inonder de courriels le bureau du premier ministre, faire des pétitions sur le Web et investir les réseaux sociaux peuvent être assez efficaces. Plusieurs options s'offrent à eux : les coups d'éclat très visibles comme les courtes marches avec casseroles, où le nombre de participants (et le bruit !) sont au cœur de la nouvelle, des actions ciblées de boycottage, coordonnées grâce aux réseaux sociaux, voire l'utilisation abusive du Web pour geler des sites Internet et empêcher les organisations de fonctionner. La créativité est à l'honneur.

Les Y, toujours à la recherche du meilleur rapport temps-efficacité, redéfinissent les façons de s'engager dans les associations syndicales comme dans les autres mouvements. Premier constat, ils aiment l'action et le concret : définir la situation qu'on veut changer, faire une proposition, élaborer une stratégie. Ils ne travaillent pas à long terme, en commençant par des actions plus légères, puis en augmentant l'intensité pendant des années. Ils frapperont fort, tout de suite, cesseront toutes les autres activités pour ne se concentrer que sur cette bataille jusqu'à ce que la situation soit résolue ou qu'ils n'entrevoient pas de victoire possible. Les discours enflammés et émotifs, très peu pour eux. Les Y opposent à la vision de principe de leurs aînés des propositions où ils cherchent une solution équitable et centrée sur les résultats, qui a des effets à court terme. Contrairement aux baby-boomers qui conçoivent l'adhésion et la participation aux activités syndicales comme l'appartenance à une doctrine ou un mouvement social, la génération Y n'y voit qu'un outil pour obtenir justice et équité, non seulement avec la direction, mais aussi entre les membres. Pour beaucoup de Y, en fait, le syndicalisme est un instrument comme un autre pour régler des problèmes, sans plus. Il n'a pas à influencer leurs choix politiques ou servir de levier pour des batailles extérieures à leur réalité au travail. Plus le syndicat concentre ses énergies sur les situations liées directement au travail de ses membres, plus il sera respecté. S'ingérer dans la scène politique et dans les grandes questions nationales n'est pas pour eux le signe qu'ils seront mieux défendus. En fait, ils ont peur que ces grandes questions les éloignent des réalités quotidiennes des travailleurs. Pour beaucoup de Y, les syndicats se sont éloignés de leur mission première et sont devenus des machines trop près des partis politiques, au pouvoir ou de l'opposition, tous dirigés majoritairement par les baby-boomers d'ailleurs.

C'est la raison pour laquelle de nombreuses entreprises créées par les Y n'ont pas de syndicat, fonctionnant plutôt avec des comités grâce auxquels le personnel et l'équipe de direction partagent l'information, les bons et les moins bons coups et retirent ensemble les bénéfices de leur réussite. Elles incluent aussi les coopératives. Il s'agit de nouveaux modèles de gestion participative élaborés autour d'équipes solides, où l'accent est mis sur la créativité, la souplesse et le plaisir pour attirer et garder les employés, effectuer les tâches, contourner un problème ou simplement gérer. Il n'y a pas d'idées farfelues ou impossibles, que des solutions à trouver ensemble. C'est dans ces conditions qu'on verra des Y s'engager envers leur employeur, parce qu'ils ne travaillent pas POUR le patron, mais AVEC lui. Un concept inclusif où la direction fait preuve de transparence, où les employés se font mutuellement confiance et se sentent respectés et appréciés. C'est un modèle intéressant pour toutes les générations.

Au passage, cela redéfinit le monde du travail tel qu'on le connaît. Les baby-boomers passent moins de temps à gérer les conventions collectives et plus de temps à faire du développement; les X sont autonomes et, comme ils sont au courant de tout, sont moins soupçonneux. Si la génération au pouvoir veut augmenter la participation des Y et susciter plus d'engagements des X, elle devra tenir compte des visions différentes, des rapports avec l'employeur et de la multiplication des formules adaptées et équitables.

LA GESTION DU TEMPS

Depuis toujours, les parents s'interrogent sur l'utilisation du temps de leurs enfants. Ils passent trop de temps à jouer, écouter de la musique, faire du vélo, écouter la télé ou organiser des *partys*. Qu'on soit baby-boomer, X ou Y, nous nous sommes fait interroger et critiquer sur le sujet. L'utilisation du temps est question de priorité, et les priorités, comme nous l'avons mentionné, changent de génération en génération. Le temps est la nouvelle monnaie. Grâce au pragmatisme et à l'efficacité, les X et les Y essaient d'en amasser pour ensuite le dépenser ici et maintenant. Demandez à un X ou un Y ce qui l'agace le plus dans son emploi, il y a de fortes chances qu'il vous parle des pertes de temps.

Qu'est-ce qu'une perte de temps pour un X? Des réunions qui débutent et se terminent en retard. Devoir se rapporter à tout bout de champ à un supérieur contrôlant pour donner des détails sur l'avancement des travaux. Pire encore, devoir faire des rapports pour le principe, en sachant qu'ils ne seront probablement pas lus et que les suggestions ne seront jamais mises de l'avant. Ce qui exaspère la génération Y, ce sont les réunions « en personne » où l'on perd un temps fou en déplacements, des courriels et des documents dans lesquels où il faut cinq pages avant d'arriver au cœur du sujet, tout ce qui entoure la politique au travail et la bureaucratie, et ne pas pouvoir avancer dans ses tâches parce qu'on attend toujours des réponses à ses questions. Ces deux générations ont beaucoup de difficulté à travailler avec les patrons qui veulent tout contrôler, mais qui ne sont jamais disponibles pour donner les autorisations ou les explications, ou qui ont des outils de travail et des processus désuets et inefficaces. Ces pertes de temps démotivent, irritent et influencent les rapports entre collègues, causant des tensions. Entendons-nous bien, ces pertes de temps tapent aussi sur les nerfs des baby-boomers, mais ils ont appris à composer avec et à ne pas se décourager. Pour eux, le jeu en vaut la chandelle : ils comprennent le système, s'en accommodent et l'utilisent pour atteindre leurs objectifs. C'est vrai qu'ils ont un meilleur sens politique et qu'ils prennent leurs décisions à long terme. Ils peuvent attendre, car ils voient la situation dans son ensemble. Les X et les Y n'ont pas toujours cette patience.

La gestion du temps est l'une des plus importantes sources de contrariétés entre les générations, mais personne n'en parle ! Comment dire à son patron qu'il n'est pas efficace dans sa gestion de réunion, que son supérieur n'a pas le contrôle de son horaire ou qu'on trouve que le temps passé à discuter du match de la veille fera en sorte qu'on ne couvrira pas entièrement l'ordre du jour ? Comment revoir les processus pour diminuer la perte de temps et non pas ajouter de nouvelles règles de contrôle qui demandent plus de temps que la tâche qu'on est censée contrôler ? Comment rassurer et faire comprendre que les raisons derrière les critiques ne sont pas d'en accomplir moins, mais d'en accomplir plus et mieux ?

Que faire ?

Que les X et les Y ne veulent pas perdre de temps au travail est une bonne chose ! Exit le placotage social, bienvenues l'efficacité et l'utilisation optimale des outils. Le patron n'est pas très au fait que les dernières technologies de l'information et de la communication permettent d'économiser du temps ? Pas de problème, ils le sont et proposeront des solutions. Les rencontres téléphoniques, par visioconférence ou *Skype* peuvent être tout aussi efficaces que les rencontres en personne. Pas besoin de se voir pour commenter un rapport : un échange sur le réseau intranet peut donner le même résultat, plus rapidement. Votre patron baby-boomer aime les réunions, car il considère qu'elles créent un bon climat de travail en permettant de bavarder avec les collègues qu'il ne voit pas souvent ? Qu'il organise un cinq à sept ! Pour les X et les Y, le lieu de travail n'est pas un endroit où se faire des amis, mais pour travailler et s'accomplir, sans plus. Plus ils auront l'impression que leur temps est utilisé de façon judicieuse, plus ils seront motivés à demeurer en poste.

Lorsqu'on parle du temps perdu au travail, les détails comptent et s'accumulent. Dix minutes de retard à plusieurs moments de la journée ou une heure pour remplir un formulaire pour une raison qui n'a pas été réévaluée depuis des années, cela peut rapidement conduire à une heure et demie de temps perdu par jour. Au bout de la semaine et de l'année, c'est non seulement contre-productif, c'est décourageant.

Vous voulez que vos réunions débutent et se terminent à temps ? Confiez-les à un employé X : une brève rencontre avec lui pour expliquer l'ordre du jour et le tour est joué. Si, durant vos réunions, vos employés baby-boomers tapent sans arrêt sur leur téléphone intelligent, les X et les Y sur leur portable ou leur tablette, c'est un signe : ils ont l'impression de perdre du temps, celui que vous payez ! Il doit y avoir une plus-value à ce que des gens occupés quittent leur poste de travail pendant trois heures. Si un autre moyen peut être aussi efficace tout en étant plus rapide, il faut le considérer. De la même façon, il est important de mettre la bonne personne à la bonne place. Avoir les compétences est une chose, le comportement en est une autre. Les personnes inquiètes qui ont besoin de tout vérifier peuvent convenir à certains postes, alors que d'autres travaillent mieux en situation d'instabilité et d'urgence. Si elles sont dans des emplois qui demandent le contraire de ce qu'elles sont, elles causeront plus de pertes de temps que de gains. Aux yeux des Y et de plusieurs X, la compétence doit primer sur l'ancienneté.

Il est vrai qu'il n'est pas facile, pour des gestionnaires habitués depuis longtemps de fonctionner de la même façon, de reconnaître les processus qui font perdre du temps. Pas besoin d'embaucher une firme d'experts. Pourquoi, en premier lieu, ne pas questionner l'ensemble du personnel? Mieux encore, demandez des propositions de solutions en stipulant que rien n'est mis de côté, pas même votre propre façon de gérer si elle est en cause. Il n'est pas toujours aisé de comprendre comment les baby-boomers, les X ou les Y choisissent de gérer leur temps. Ce qui est prioritaire pour l'un peut être futile pour l'autre. Chose certaine, si chaque groupe a l'impression que son temps au travail est utilisé avec pertinence et qu'il n'empiète pas sur ses autres priorités, il n'en sera que plus heureux dans son emploi et dans les autres sphères de sa vie.

L'UTILISATION DES TECHNOLOGIES

Est-ce vraiment irritant puisque toutes les générations les utilisent depuis déjà un bon moment? Ce qui est une bénédiction pour un groupe est un vrai casse-tête pour un autre. La multiplication des nouvelles technologies au travail apporte son lot de situations conflictuelles. Là encore, les gens n'osent pas trop en parler. Qui va dire que cela le rend nerveux, qu'il ne se sent pas le courage de réapprendre encore une fois comment utiliser un nouveau système ou logiciel? Qui veut risquer de passer pour un employé trop vieux ou dépassé et ainsi perdre son statut ou le respect de ses collègues? Pourtant, cette situation est vécue quotidiennement par nombre de baby-boomers. Même si plusieurs d'entre eux sont à l'aise avec les nouvelles technologies, voire y être accros comme des X et des Y, c'est loin d'être la majorité. En vérité, il arrive que les technologies de la communication soient souvent la cause de problèmes... de communication!

Les X et les Y sont tombés dans la marmite technologique quand ils étaient petits. Ils ont appris à étudier, travailler et communiquer en utilisant les supports informatiques. Les téléphones intelligents, les ordinateurs, les jeux en ligne, les réseaux sociaux, les GPS font partie de leur vie au même titre que les voitures et la télévision pour les générations précédentes. Pour les baby-boomers, par contre, il y a eu un avant et un après. Ils ont dû s'adapter ou, pire encore pour les plus vieux, changer complètement leur façon de faire. Pour certains, l'arrivée des nouvelles technologies a été bénéfique : moins de temps passé au bureau, plus d'efficacité et de variété dans les tâches. Pour d'autres, cela a été une source d'isolement : moins d'échanges et de contacts humains, plus d'anxiété et de stress.

Prenons l'exemple d'un employé baby-boomer cumulant 35 ans d'ancienneté. Il pratique son métier quasiment les yeux fermés, il a confiance en ses capacités. Quand il vit un stress, ce n'est pas lié à ses compétences, mais à la situation. À un certain moment de sa carrière, assez rapidement, tout a basculé. Un ordinateur remplace sa machine à écrire, les formulaires se remplissent sur Internet et remplacent les formulaires avec copies en papier carbone, les dossiers ne sont plus dans les classeurs, les budgets se préparent avec un logiciel et des tableaux croisés dynamiques, etc. De l'aide est disponible les premières années, puisque la majorité des employés sont à la case départ. Puis, graduellement, les patrons supposent que les gens n'ont plus besoin d'autant de soutien, la majorité des nouveaux employés X et Y se débrouillant très bien seuls. Tout à coup, notre employé d'expérience doute, il ressent le même stress que lors de ses premières années d'emploi. Il veut bien mettre les efforts et travailler pour apprendre à maîtriser le nouvel outil. Le problème est que ça revient régulièrement, comme un mauvais rhume. Lorsqu'il maîtrise enfin le logiciel, son collègue X lui envoie un document qu'il ne peut pas utiliser, car sa version n'est pas compatible ! Il doit en apprendre un nouveau. Lors des réunions d'équipe, il y a des moments où il ne comprend rien à la conversation entre les X et Y : ils écrivent en code, utilisent un vocabulaire d'initiés, parlent d'outils qu'il ne connaît pas et se moquent gentiment de ceux et celles qui ne peuvent pas suivre. Personne n'a vraiment le temps de lui expliquer, il se sent isolé, fatigué, démotivé. Nouvel outil, nouveau langage, nouvelle façon de travailler que tous, à tort, présument partager.

Que faire ?

Pas question de revenir en arrière, les technologies de l'information, des communications et de gestion sont là pour rester... jusqu'à ce qu'elles soient remplacées, ce qui arrive assez souvent ! Les attitudes des générations mettent en relief les changements de mentalités et de valeurs des dernières années ainsi que les nouvelles façons de vivre. Pour ceux qui ont toujours privilégié les échanges « en personne », c'est un changement assez drastique. Ils ont l'impression que le monde se dépersonnalise, que la recherche de la rapidité et de l'instantanéité nuit au travail en profondeur et aux rapports humains qui ont de la substance. Ils n'ont bien sûr pas entièrement tort, mais la tendance actuelle semble irréversible : il faut être bref, précis, direct.

Le meilleur moyen pour les gestionnaires de diminuer les impacts de ces changements est d'assurer du soutien, par de la formation, bien entendu, mais surtout par la collaboration intergénérationnelle, qui permet de partager les connaissances de tous les employés. Pourquoi ne pas confier aux employés de la génération X ou Y la responsabilité d'organiser des activités de mise à jour pour les collègues qui ont plus de difficulté ? C'est une autre façon de créer des équipes qui travaillent vraiment ensemble, en misant sur les forces de chaque génération. Être au fait des inquiétudes de certains employés face à l'arrivée des nouvelles technologies et de leur impact sur le sentiment de compétence améliore la compréhension mutuelle et l'esprit d'équipe. C'est particulièrement vrai pour ceux et celles dont la tâche exigeait la rencontre régulière des collègues ou des clients. Ils passent maintenant plus d'heures au téléphone ou devant un écran qu'à serrer des mains et partager leurs connaissances autour d'un repas. Le choc peut être brutal et démotivant.

Les X et les Y pourront bien essayer de convaincre les baby-boomers que les technologies permettent aussi d'établir un contact personnalisé avec leurs clients, que le fait de ne plus s'absenter diminue le stress et qu'ils peuvent passer plus de temps en famille, qu'en réalité ils gagnent du temps. Pour ces derniers, c'est contre-productif. Leurs carrières se sont bâties sur leur capacité à établir des relations de confiance à coup de rencontres, de partage de confidences, de tournois de golf et de dîners au restaurant. Au fil du temps, certains clients sont même devenus des amis. Cela semble impossible à faire à distance, par le biais d'un appareil, aussi multifonctionnel soit-il. Pour eux, les amis Facebook ne sont pas des amis, ce sont au mieux des connaissances ou des gens qui partagent les mêmes intérêts. Les employés de cette génération ont l'impression de vivre un peu plus chaque jour la fin d'une époque. Même s'ils croient que certaines avancées sont positives, ils demeurent inquiets face à l'avenir de leur profession ou de leur entreprise et le demeureront tant qu'ils ne se sentiront pas utiles et efficaces avec les nouvelles façons de faire. À ce titre, les gestionnaires doivent expliquer cette situation aux X et Y, et demander leur soutien, où leurs compétences seront reconnues. Plutôt que d'utiliser un vocabulaire techno sans explications, il faut les inciter à l'éclaircir et le rendre plus accessible. Au lieu de présumer que la personne connaît la technologie dont on parle, il faut mieux vérifier et offrir son aide si besoin est. Le baby-boomer pourra faire de même dans ses champs de compétences.

LES NOUVEAUX PARENTS

Quelles sont les conséquences, en milieu du travail, de la place accordée par les générations X et Y à la famille et aux enfants ? Ces nouveaux paramètres ont un impact sur les patrons ainsi que sur les collègues de travail. Évidemment, tout dépend de la taille de l'entreprise et des fonctions de l'employé. Malgré tout, le départ d'un collègue en congé parental et surtout son retour peuvent causer des frictions entre les générations. Les baby-boomers sont heureux que leurs enfants profitent de conditions plus avantageuses qu'eux-mêmes à l'époque, mais nuancent leurs propos lorsqu'il s'agit de collègues de travail. Ils seront les premiers à anticiper les conséquences sur l'accomplissement des tâches et les possibles retards dans l'atteinte des objectifs. Les X de la première moitié de la cohorte seront inquiets du surcroît de travail que cela pourra signifier : encadrement de l'employé remplaçant, redistribution des tâches, report de certains projets ; le tout, en général, sans augmentation de salaire. Les congés parentaux prennent plusieurs formes et, pour ceux et celles bénéficiant de généreuses conditions de travail, il est possible de ne revenir qu'au bout d'une année et de ne travailler qu'à temps partiel les premiers mois. Toutes ces situations demandent à l'ensemble du milieu de s'adapter pendant l'absence ainsi qu'au retour afin de diminuer les impacts et d'offrir le maximum de soutien à la personne qui part et à ceux qui restent.

Que faire?

Une chose est certaine, après des années à s'inquiéter des conséquences de la dénatalité, le fait que les jeunes veuillent avoir des enfants et mieux s'occuper de leur famille est une bonne chose; l'ensemble des générations en sortira gagnant. En même temps, il faut reconnaître que le climat économique fait en sorte d'augmenter la compétition entre les entreprises, non seulement pour se tailler une place, mais aussi pour la garder. Le départ d'employés de talent pour une période plus ou moins longue est toujours une source d'inquiétude, même si c'est pour une raison positive.

Avoir des enfants est un droit, mais il vient avec son lot de responsabilités, tant envers l'enfant que son employeur. C'est bien connu, avoir des enfants change tout et, malgré la bonne volonté et la meilleure préparation, les nouveaux parents X et Y ne mesurent pas toujours les conséquences de ce changement important sur leur vie et sur leur travail. Toutes les générations veulent la même chose finalement: travailler moins en gagnant plus, avoir un travail stimulant mais non stressant, passer plus de temps en famille sans que cela paraisse sur le chèque de paye ni sur les possibilités d'avancement. La réalité est tout autre. Lorsque certains employés X ou Y deviennent parents pour la première fois, ils s'attendent à ce que leur vie personnelle change, mais ils ne craignent pas que leur vie professionnelle soit affectée.

Pourtant, les choses commencent à changer dès la grossesse et, malheureusement, peu de futurs parents, collègues ou patrons prennent le temps d'échanger et de préciser leurs attentes vis-à-vis du travail durant la grossesse et au retour du congé parental. Il se peut qu'un dossier intéressant doive être attribué à un autre employé compte tenu des échéances, que de nouvelles fonctions soient ajoutées au remplaçant et puissent faire partie intégrante des tâches au retour. L'employé vivra souvent un décalage avec ses collègues au retour, il ne comprendra pas certains sous-entendus et pourra se sentir isolé. Le nouveau parent doit énoncer clairement comment il prévoit la conciliation travail-famille à son retour au boulot. Espère-t-il être traité différemment maintenant qu'il a des responsabilités familiales? Terminera-t-il plus tôt, refusera-t-il des fonctions les fins de semaine? Aura-t-il des projets moins exigeants ou des responsabilités différentes, compte tenu de ses nouvelles disponibilités? Les collègues et le patron doivent quant à eux préciser leurs besoins, les limites de l'organisation et les attentes quant à la bonne marche des opérations.

Étonnamment, les baby-boomers peuvent eux aussi se retrouver dans la situation des X et des Y lorsqu'ils doivent soutenir leurs parents âgés, dont ils deviennent quelquefois responsables. Comme les jeunes parents, leurs nouvelles responsabilités auront des impacts sur le travail et, du même coup, sur les collègues et l'organisation. Les attentes doivent être réalistes de part et d'autre ; l'employé ne peut s'attendre à ce que toute l'organisation s'ajuste à son nouveau rôle, aussi important soit-il. Le patron et les collègues doivent être compréhensifs et soutenir l'employé en lui faisant comprendre au fur et à mesure les répercussions possibles de sa nouvelle situation sur sa vie au travail. Le changement de la situation familiale d'un employé peut avoir des répercussions sur l'ensemble de l'organisation. Les patrons doivent préparer la période d'ajustement au retour en informant l'employé de ce qui s'est passé pendant son absence, en lui assurant qu'il a toujours sa place au sein de l'équipe et en tenant ses collègues au courant des prochaines étapes. Les nouveaux parents réaliseront avec le temps quels sont les impacts de leur nouveau statut sur leur travail et comment s'ajuster. Plusieurs comprendront que, pour être le parent qu'ils souhaitent être, ils devront sacrifier plus qu'ils ne le pensaient au travail, ou l'inverse.

PARTIE 3

SE DONNER DES OUTILS POUR BÂTIR

Superviser, organiser, où simplement travailler dans un milieu où plusieurs générations se côtoient demande plus que l'acceptation des différences qui, comme nous l'avons vu précédemment, peuvent se manifester dans une multitude de situations. Si l'on ne veut pas gérer à la pièce et constamment réagir aux situations difficiles, il faut se doter d'outils et de mécanismes permettant de prévenir et d'agir sur les possibles irritants avant même qu'ils surgissent. Les plus efficaces sont : l'organisation d'un accueil structuré, la mise en place d'activités pour mieux se connaître, le mentorat de réciprocité, la création d'un bilan générationnel, des communications efficaces et transparentes, un encadrement, une évaluation et des marques de reconnaissance appropriées aux différentes générations.

UN ACCUEIL DIGNE DE CE NOM

Le monde du travail dans sa globalité a changé. Les travailleurs aussi. Ces dernières années, l'organisation, les conditions et les façons de travailler ont subi une véritable révolution. Comment cela se traduit-il concrètement ? En premier lieu, par la mutation de ce qu'on pourrait appeler les conventions au travail, non pas les conventions collectives, mais plutôt les règles régissant les rapports sociaux. C'est un aspect dont on parle peu, bien qu'il soit la cause de plusieurs malentendus. Le potentiel de conflits existe avant même que les différentes générations commencent à travailler ensemble. Pour les traditionnels et les baby-boomers, ces normes étaient déjà connues ou du moins soupçonnées avant le premier jour de travail. La manière de s'habiller, de parler et d'interagir avec son supérieur, le degré d'intimité acceptable entre collègues, les attentes de l'employeur vis-à-vis de l'horaire de travail ou des comportements des employés : toutes ces choses allaient de soi et étaient transmises de génération en génération. Les futurs employés savaient à quoi s'attendre et s'y conformaient. Ces aspects ont évolué et changé. Bien qu'il existe encore des milieux où les conventions sont strictes et traditionnelles, on remarque en général un assouplissement des règles et la multiplication des types de rapports entre le personnel et la direction, de même qu'entre le personnel de même niveau. Du coup, il est plus difficile de préparer les jeunes travailleurs à ce qui sera attendu d'eux à l'avenir, et bien des parents ne transmettent malheureusement pas cette information. Les employés plus âgés ont l'impression que ces règles sont déjà apprises et intégrées. En fait, ils s'attendent à ce qu'elles le soient. Rien n'est moins vrai. C'est pourquoi l'accueil des employés est si important.

Lors de l'arrivée d'un nouvel employé dans votre entreprise ou votre service, quel genre d'accueil prévoyez-vous ? Une brève rencontre avec le patron, suivie d'une visite des lieux et d'une tournée du personnel pour échanger des poignées de main ? Une rencontre d'une heure avec le supérieur immédiat et la remise d'un cahier présentant l'organigramme de l'entreprise et la liste des dossiers en cours ? Une petite rencontre informelle « beignes et café » avec l'ensemble du personnel pour faire connaissance ? Les besoins d'aujourd'hui demandent qu'on se penche sur la création d'une formule mieux adaptée.

La qualité de la procédure d'accueil des nouveaux employés, particulièrement s'ils sont d'une génération différente de la vôtre, est un facteur déterminant du type de relations qu'ils auront avec leurs collègues et l'organisation, ainsi que de la qualité de leur contribution. C'est un outil qui, s'il est bien conçu et utilisé, peut diminuer de façon significative les conflits générationnels.

L'accueil n'est pas qu'un instant de politesse ; il s'agit d'un guide, d'une référence, d'un outil pour l'employé. Structurer une bonne activité d'accueil prend du temps ; cela demande de la réflexion et de l'organisation, mais le jeu en vaut la chandelle. Il faut travailler sur trois aspects : le contenu, la forme et les acteurs sollicités. Les informations qui seront fournies doivent aider l'employé à intégrer rapidement le milieu et remplir sa fonction, afin qu'il soit efficace. Elles doivent permettre à la personne de savoir avec précision ce que l'on attend d'elle non seulement dans l'exercice de ses fonctions, mais aussi dans ses comportements. Une bonne activité d'accueil générera de l'enthousiasme, apaisera les inquiétudes, créera un sentiment d'appartenance et améliorera la rétention.

LE CONTENU

Le nouvel employé arrive soit directement de l'école, soit d'une autre entreprise ou d'un autre secteur de votre organisation. Il faut en tenir compte dans le choix des informations qui seront fournies et qui doivent comprendre les trois modules suivants :

1-La culture de l'entreprise ou du service
2-Le fonctionnement du bureau
3-Les attentes professionnelles

1 - La culture de l'entreprise ou du service

Les informations transmises dans ce module serviront à accroître le sentiment d'appartenance et à favoriser l'intégration.

Voici les thèmes qu'il faut faire ressortir :

- Qui sommes-nous ?

- Qu'est-ce qui nous distingue des autres, de nos compétiteurs ou des autres services de l'entreprise ?

- Quelle est notre culture, quelles sont les valeurs qui nous guident ?

- De quelles réalisations sommes-nous fiers et quels sont nos objectifs et projets ?

- Avons-nous un plan stratégique et un plan d'action ?

- Y a-t-il un aspect politique à notre culture et, si oui, de quelle façon cela se traduit-il ?

- Y a-t-il des tensions entre les différents niveaux hiérarchiques ?

- Certaines façons de faire ont-elles un historique qu'il vaut mieux connaître ?

- Comment le pouvoir est-il partagé et se vit-il
entre toutes les composantes ?

- Quel est le rôle du service ou du secteur dans l'organisation de
l'entreprise ?

2 - Le fonctionnement du bureau

Dans ce module, voici les questions auxquelles il faut répondre :

- Pour être fonctionnel et efficace dans ce bureau,
que faut-il savoir ?

- Quelle est la politique sur les horaires et les congés ?

- Les communications entre collègues sont-elles formelles ou
informelles ?

- Y a-t-il un code de déontologie ou vestimentaire ?

- Comment fonctionnent les différents systèmes :
téléphones, matériel informatique, outils de gestion ?

- À qui doit-on s'adresser pour les demandes de matériel,
les problèmes informatiques, ou qui avertir en cas d'absence ?

- Y a-t-il des réunions hebdomadaires d'équipe ou de secteur ?

- Quelles sont les tâches des employés de soutien,
des professionnels et des cadres ?

- Quels sont les codes non écrits ? (Par exemple : pas besoin
de rendez-vous avec le patron lorsque sa porte est ouverte ;
les documents envoyés à la haute direction doivent être relus par
le superviseur ; la majorité des employés ne prennent pas leur
pause ; la plupart apportent leur lunch et mangent ensemble.)

Évitez de parler de tout ce que l'employé a besoin de savoir pendant les cinq prochaines années et concentrez-vous sur ce qui lui est nécessaire pour être fonctionnel maintenant et l'empêcher de mettre les pieds dans le plat ou de trop dépendre des autres pour être rapidement efficace. Par exemple, votre nouveau collègue baby-boomer pourrait offusquer une secrétaire en lui demandant d'exécuter un travail qu'il déléguait chez son ancien employeur, mais qui, dans son nouvel environnement, sera effectué par lui. L'employé Y qui ne sait pas que ses collègues ne prennent pas leur pause-café pourrait croire qu'il n'est pas accepté, car il se retrouve toujours seul à la cafétéria à 10h15. Donner tous ces détails évitera que l'employé, qui aurait bien fini par comprendre les subtilités de son nouvel environnement de travail, froisse des collègues, donne une fausse image de ce qu'il est et de ce qu'il peut faire, et perde du temps à chercher ce qui ne va pas. Contrairement aux comportements des générations précédentes, il ne faut pas espérer que les Y restent en place assez longtemps pour apprendre tout cela. S'ils ne sont pas fonctionnels rapidement, cela pourra au contraire les démotiver et les faire douter de leurs compétences : deux bonnes raisons pour regarder ailleurs et changer d'emploi.

3 - Les attentes professionnelles

Elles peuvent varier sensiblement d'un milieu de travail à l'autre. L'ancien patron était contrôlant et présent quotidiennement, le nouveau donne beaucoup de marge de manœuvre et est souvent absent. Les attentes envers l'employé seront donc différentes. Elles doivent être connues avant de débuter dans les fonctions, pas six mois plus tard au moment de l'évaluation. Non seulement faut-il préciser ce qui est attendu de l'employé, mais aussi ce à quoi il peut s'attendre de l'organisation.

- Quels rôles le patron, les cadres ou les collègues jouent-ils ?

- Quelles tâches l'employé devrait-il être en mesure de faire se dans un mois, dans un an ?

- Y aura-t-il des évaluations et, si oui, quand et comment ?

- Quels seront les aspects qui seront évalués, avec quels critères de mesure ?

- Quelles compétences l'employé devra-t-il avoir acquises au moment de l'évaluation ?

- Quelles seront les conséquences personnelles de l'atteinte ou non des objectifs ?

- Quelles sont ses ambitions professionnelles et que doit-il faire pour les réaliser ?

- Quels sont les services et le soutien qui seront offerts à l'employé par les différents départements de l'entreprise ?

Combien de temps faut-il prendre pour cette activité d'accueil ? Cela dépend de l'âge et de l'expérience du nouvel employé. Le baby-boomer a généralement suffisamment de vécu en ce qui concerne les attentes professionnelles d'une entreprise, mais a tout de même besoin de savoir s'il existe des différences importantes avec son ancien employeur ou ses fonctions précédentes. Une discussion mettant en relief les façons de faire auxquelles était habitué l'employé et celles qui l'attendent dans son nouvel emploi peut éviter bien des complications. Plus de détails seront nécessaires pour un employé Y, car il n'a pas nécessairement d'expériences antérieures avec lesquelles comparer. Raison de plus pour mieux expliquer la raison d'être des exigences et des règles de fonctionnement. Dans le doute, il ne faut pas hésiter à lui demander quelles sont les informations dont il a besoin pour se sentir à l'aise. Un X pourra avoir besoin de détails sur les horaires de travail, et la marge de manœuvre pour réaliser son besoin d'équilibre travail-famille, alors que le Y voudra en savoir plus sur la possibilité de travailler en équipe sur certains dossiers et la façon de s'y prendre pour avoir des projets plus stimulants.

Un bon accueil, ce n'est pas une conférence magistrale, un cours ou une activité de marketing. Ce doit être un moment agréable et utile qui laisse au nouvel employé le sentiment qu'il fait partie d'une organisation efficace, dotée d'une vision claire, préoccupée du bien-être de son personnel et l'encadrant de façon chaleureuse. Trop long, cela ennuie ; trop court, on reste sur sa faim, et cela ne remplit pas les objectifs.

LA FORME

La forme de l'activité d'accueil doit refléter la culture de l'entreprise ou du bureau. Dans un milieu informel et créatif, par exemple, une présentation très sérieuse avec PowerPoint et petit mot de bienvenue officiel n'a aucun sens et n'atteindra pas l'objectif. Si le bureau est très convivial et détendu, l'accueil doit le refléter. De la même façon, une activité d'accueil très informelle dans un milieu qui ne l'est pas peut provoquer de la confusion. Cette activité est le premier vrai contact entre les gestionnaires, le personnel et les nouveaux employés, c'est aussi la première impression pour tout le monde. La remise d'une quantité énorme de documents explicatifs ne remplacera jamais une conversation franche et directe avec son patron ou ses collègues. La durée peut varier d'une heure à un après-midi, l'important étant de donner la bonne information et de répondre aux questions ayant un impact sur ce qui se passe ici et maintenant. Il est préférable de faire deux ou trois petites rencontres d'information dans les six premiers mois et ainsi répartir les informations à donner selon les besoins, plutôt qu'une grosse activité où l'on se perd entre ce qui est essentiel et ce qui ne l'est pas. Des outils peuvent être élaborés pour soutenir le responsable : un bottin avec la liste des collègues et leurs responsabilités (le titre ne donne souvent pas assez d'information), une foire aux questions avec moteur de recherche dans un intranet traitant des sujets les plus souvent demandés ou encore un guide très succinct sur les procédures.

LES ACTEURS SOLLICITÉS

Qui a la responsabilité d'organiser l'accueil des nouveaux employés ? Idéalement, tout le monde ! En fait, le leadership pourrait être confié au service des ressources humaines, au responsable du secteur ou au supérieur hiérarchique, mais l'élaboration des contenus et même l'organisation peut et doit inclure à un certain moment un ou des collègues de travail. La première partie, par exemple, peut être livrée par le patron ; la deuxième, par les futurs collègues ; et la dernière, par le supérieur hiérarchique accompagné de responsables des ressources humaines. Il ne faut pas hésiter à demander aux employés actuels quelles sont les informations qu'ils auraient aimé connaître à leur arrivée. Ils savent mieux que quiconque ce qui leur a causé des soucis et ce qui leur a été utile, et ils sont souvent heureux que leur expérience profite aux autres.

En conclusion, une bonne activité d'accueil n'est pas un exercice de relations publiques ou une simple formule de politesse, ce n'est pas non plus une perte de temps, mais bien de la prévention. C'est un investissement dans le nouvel employé, qui servira à l'ensemble de l'organisation. En connaissant mieux les attentes, la culture et le fonctionnement de l'entreprise, les recrues pourront s'adapter plus rapidement, et les anciens, mieux les accepter. Les différences entre les façons de faire des générations qui ont à cohabiter seront amenuisées. N'oubliez pas l'importance du sens chez les Y. Si, par exemple, vous faites la liste des modes de fonctionnement en ne prenant pas le temps d'expliquer pourquoi ils sont ainsi, vous obtiendrez difficilement leur adhésion. Pire encore, ils pourraient avoir envie de les contourner pour démontrer leur inutilité. À l'aide d'exemples concrets, ils peuvent mieux comprendre les conséquences de ne pas respecter les règles de fonctionnement, autant du point de vue personnel que de l'organisation, et cela diminue les questions incessantes des premières semaines, un avantage non négligeable pour les cadres très sollicités.

L'accueil est un exercice qui se bonifie avec le temps et l'expérience. Pensez à tenir une liste à jour des sujets à aborder au fur et à mesure que des changements s'opèrent dans l'organisation ou lorsque vous réalisez qu'une question a été mal comprise. Cela sera utile lorsque vous devrez refaire l'activité. Enfin, il n'y a pas de meilleur ambassadeur de votre milieu de travail que votre personnel. Le nouvel employé de l'an dernier, vu son expérience récente, pourrait vous aider à structurer votre prochaine activité d'accueil. Il y a fort à parier qu'il vous proposera des façons de livrer la marchandise auxquelles vous n'aviez pas songé. L'important n'est pas ce que vous auriez aimé recevoir et comment, mais ce que la génération qui arrive veut, souhaite et ce dont elle a besoin.

DES ACTIVITÉS POUR MIEUX SE CONNAÎTRE

Votre activité d'accueil est un succès et l'intégration des nouveaux se passe bien ? Tout n'est pas réglé pour autant. Bien que les attentes et le mode de fonctionnement soient connus et partagés par tous, des obstacles peuvent toujours exister entre les différents groupes, comme nous l'avons vu dans les chapitres précédents. La raison est simple : l'information est partagée, mais pas les valeurs. N'essayez pas de remplacer celles des X par celles des Y ou des baby-boomers, ce serait une tâche herculéenne et futile. Ce qui est essentiel, en revanche, c'est de faire découvrir et de respecter les valeurs de chacun des groupes et de miser sur celles qui se ressemblent. Il n'y a pas que le gestionnaire qui peut bénéficier de cette information. Tant chez les employés que chez les dirigeants, on entend le même commentaire : « C'est dommage que nos employés (ou nos patrons) ne soient pas ici avec nous pour entendre cette information, cela aurait été tellement utile de pouvoir discuter avec eux maintenant que je les comprends mieux. » La connaissance des caractéristiques et des valeurs des différentes générations est un outil qui permet de réunir, de rassembler et même de faire sourire à l'occasion ! Son impact réel ne se ressent que lorsque toutes les catégories d'employés sont informées.

Les patrons et le personnel peuvent profiter des activités courantes pour permettre cette mise en commun. Lors d'échanges et de discussions, pourquoi ne pas demander à chacun d'expliquer sa vision et ses valeurs ? Par exemple, si l'on discute de la possibilité de faire des heures supplémentaires, on peut essayer de savoir ce que les gens en pensent au lieu de demander tout de go qui est volontaire. La personne qui ne veut pas en faire expliquera par exemple que ses trois enfants sont sa priorité ; celui qui désire en faire peut préciser ses ambitions professionnelles et que ces heures sont pour lui l'occasion d'acquérir de l'expérience. Des employés Y pourront être surpris de réaliser qu'ils ont des valeurs communes avec les baby-boomers, des X découvriront qu'ils partagent les mêmes valeurs que plusieurs collègues et qu'ils peuvent faire équipe avec les Y sur certaines questions. En tout et pour tout, une meilleure connaissance des valeurs des différentes générations permet de comprendre les attitudes des uns et des autres, d'éviter les conclusions hâtives et souvent fausses, et de dépersonnaliser les situations qui nous irritent à l'occasion et minent le climat de travail.

On peut même en faire un jeu lors des rencontres de formation professionnelle : une sorte de quiz « Devinez qui pense quoi ? » ou « Que pensez-vous que ce groupe ferait dans cette situation ? ». En fait, si chaque groupe se reconnaît et peut rire de ses petits travers, il est plus facile d'accepter les différences des autres, car tout le monde y passe ! Nous sommes plus que jamais à l'ère des communications et du développement des collaborations. Les connaissances sur les générations doivent être partagées entre tous les membres de l'organisation si elles veulent servir à améliorer leur quotidien.

LE MENTORAT DE RÉCIPROCITÉ

Comment multiplier les contacts entre les générations et susciter la compréhension mutuelle et le respect des différences ? Grâce à un programme de mentorat de réciprocité.

Le mentorat, tout le monde connaît. Le mentorat de réciprocité un peu moins. Plutôt que de n'avoir qu'une personne qui reçoit (le mentoré) et une autre personne qui donne (le mentor), chacune reçoit de l'autre. Lorsque l'équipe se forme en tenant compte non seulement de l'expérience de travail du mentor, mais de toute sa génération, les résultats sont doublement intéressants : il se crée un pont générationnel. Les Y, fraîchement sortis de l'école, peuvent avoir expérimenté des façons de faire ou des outils encore inconnus des baby-boomers ; les X peuvent apprendre de mentors plus âgés comment comprendre la culture politique du bureau, mais aussi soutenir leur collègue en matière de nouvelles technologies. Le baby-boomer peut replacer certaines décisions dans leur contexte étant donné qu'il a assisté à l'évolution du sujet et, ainsi, répondre à la quête de sens de la génération Y et aux doutes de la génération X.

Dans ce type d'échanges, les mentors, jumelés dès le premier jour à leur nouveau collègue, poursuivent la démarche entreprise lors de l'activité d'accueil. En plus de partager des connaissances, ils seront disponibles pour répondre aux questions plus personnelles que le nouvel employé n'aura peut-être pas osé poser lors de l'accueil. Le mentor sera le premier à déceler les difficultés et les besoins de formation du nouvel employé, ainsi que le potentiel qui mérite d'être développé.

Si le choix des équipes est avisé, le mentorat de réciprocité offre plus que le transfert de connaissances, il permet une meilleure compréhension de l'autre et de ses valeurs. Former une équipe avec un baby-boomer et un Y, ou avec un Y et un X, c'est un moyen non menaçant de partager de façon informelle les visions du travail et les valeurs. Pour les Y, qui ont de la difficulté à afficher leur insécurité, la possibilité d'échanger avec une personne de confiance qui n'est pas là pour les juger est rassurante. Pour le baby-boomer, c'est le plaisir de faire profiter de son expérience et d'apprendre à mieux connaître l'autre génération. Chaque personne qui participe à ce type de programmes deviendra un traducteur des valeurs et des attentes de l'autre génération pour l'ensemble de l'entreprise.

Peu importe leur taille, toutes les organisations peuvent créer un programme de mentorat adapté à leurs besoins et à leur culture. Cela doit faire partie d'une stratégie globale visant non seulement l'efficacité et la rétention du personnel, mais aussi la valorisation des expériences de toutes les générations. Un aspect à retenir : n'est pas mentor qui veut. L'employé frustré, qui a une attitude négative ou au contraire qui se croit meilleur que tout le monde, peut vouloir devenir mentor afin de « mettre le nouveau de son bord ». Ce n'est certainement pas le genre d'attitude souhaitée et qui ne donne pas non plus de résultats positifs. Les mentors sont non seulement choisis en fonction leur compétence, mais aussi de leur attitude, de leur ouverture et de leur personnalité. Ils doivent être formés et bénéficier du soutien de la direction, qui doit leur donner la marge de manœuvre nécessaire pour adapter leur style de mentorat aux besoins et à la personnalité de la personne mentorée.

LE BILAN GÉNÉRATIONNEL

L'accueil et le programme de mentorat sont utiles pour commencer du bon pied la relation de l'employé avec son nouvel employeur, mais, une fois l'équipe établie, les gestionnaires doivent tout de même continuer de gérer au quotidien l'impact des différences générationnelles de l'ensemble du personnel. S'il existait une façon de pouvoir les anticiper, ce serait formidable, non ? C'est chose possible à l'aide d'un exercice utile : faire le bilan générationnel de ses employés. Les informations recueillies et partagées permettront de planifier et d'organiser le travail en tenant compte au maximum des attentes et des besoins de chaque génération.

Le bilan contient plusieurs données. Outre ce que nous avons évoqué dans les chapitres précédents quant à l'âge et au groupe d'appartenance, avec ses valeurs et caractéristiques, il faut prendre en compte d'autres facteurs et situations qui influencent le comportement au travail. Par exemple, certaines personnes, auparavant en parfait accord avec les caractéristiques de leur génération, changeront du tout au tout parce que des circonstances imprévues bouleverseront tous les plans.

L'âge et le groupe générationnel ne sont pas suffisants pour bien connaître et prévoir les aspirations, les valeurs, les comportements et les besoins de ses employés. Ainsi, le bilan générationnel permet d'éviter de mettre une étiquette semblable et erronée sur tous les membres d'une même génération. Pour chaque employé, on doit donc indiquer non seulement à quelle génération il appartient, ce qui fournira la base de ses caractéristiques, mais également ajouter un autre facteur, soit le cycle de vie. La combinaison de ces deux données générera le bilan générationnel.

Le cycle de vie comporte les événements et les situations qui modifient la réalité d'un individu, dont ses objectifs et ses priorités, et qui auront éventuellement un impact sur le travail. Prenons l'exemple d'une employée de la génération X, de 45 ans, qui divorce après 20 ans de mariage. Il y a fort à parier que cela pourrait changer son rapport au travail. Elle sera peut-être plus disponible pour effectuer des heures supplémentaires afin de combler ses nouveaux besoins financiers et vaincre la solitude, ou, au contraire, diminuera ses disponibilités vu sa nouvelle situation monoparentale. Par ailleurs, un employé baby-boomer célibataire et ambitieux, qui était ouvert aux horaires atypiques, pourra tout d'un coup décider de changer de poste pour un travail avec un horaire plus régulier lorsqu'il fondera une famille sur le tard ou parce que sa santé se détériore. Une Y, toujours prête à partir explorer le monde pour assouvir sa soif de sensations fortes et qui n'envisageait pas demeurer en poste plus de trois ans, pourrait changer d'idée parce qu'elle a de nouvelles responsabilités familiales qui demandent plus de stabilité.

Gérer et surtout planifier en tenant compte des caractéristiques générationnelles est assurément un plus. Lorsqu'on tient compte du cycle de vie des personnes, on augmente ses probabilités de prendre les décisions les plus à propos et d'éviter les surprises. Par exemple, vous avez en tête de former l'une de vos employées X, compétente, ambitieuse et efficace, afin qu'elle puisse prendre plus de responsabilités dans un an. Vous aviez les mêmes ambitions à son âge, mais votre patron n'était pas prêt à vous faire confiance. Vous ferez autrement, elle vous en sera sûrement reconnaissante! Rien n'est moins sûr. Vous ne savez pas que votre employée, en couple depuis un an sans en avoir informé personne, prévoit devenir enceinte dans la prochaine année. Elle qui avait beaucoup d'aspirations professionnelles n'a plus envie de stress et veut consacrer moins de temps à son travail. Vous faites votre offre et, à votre grande surprise, elle la refuse sans autre explication. Déçu, vous vous tournez du côté de votre Y qui veut toujours en faire plus. Il est enthousiaste, compétent et trouve que ça ne va pas assez vite à son goût, et vous êtes certain qu'il acceptera cette promotion inespérée. Surprise! Il refuse aussi. Il est heureux dans son travail actuel, son équipe est agréable, et son travail le valorise. Il ne vise pas les échelons supérieurs maintenant, car c'est trop exigeant. Il préfère consacrer plus de temps à un projet personnel. Il s'entraîne intensivement depuis des mois pour une expédition d'escalade. Pour lui, c'est le temps ou jamais, il n'a pas de responsabilité familiale et l'occasion est là, maintenant. Accepter cette promotion représente un meilleur salaire, certes, mais aussi plus de temps passé au travail, et moins de temps quotidien avec son équipe et pour s'entraîner.

Vous avez tenu pour acquis que vos employés avaient les mêmes objectifs que vous à leur âge, sans considérer le fait que leur réalité n'est pas la même. Non seulement leur éducation, leurs valeurs et leur vision de la réussite sont différentes, mais, en plus, leur cycle de vie change la donne. Les caractéristiques générationnelles ne sont pas un carcan, un moule immuable. Très souvent, on fait migrer, à des degrés divers, des caractéristiques de notre génération vers celles d'une autre lorsque les circonstances de la vie ou tout simplement la vision des choses évoluent avec le temps.

Voici des exemples de situations qui peuvent avoir un impact sur le travail et qui, souvent, changent les objectifs et les caractéristiques générationnelles d'une personne, peu importe sa génération :

> *– Je ne suis responsable que de moi, je peux donc passer plus de temps au travail ou dans mes activités sociales. Bien qu'on associe cette situation aux jeunes Y, elle peut très bien s'appliquer à des baby-boomers.*

> *– Je suis enceinte, mes priorités changent, je veux un meilleur équilibre travail-famille et j'aimerais travailler à temps partiel.*

> *– J'ai de jeunes enfants, j'aimerais à l'occasion pouvoir travailler de la maison lorsqu'ils sont malades. Là encore, ce peut être non seulement un X ou un Y, mais aussi un baby-boomer ayant une conjointe plus jeune, avec qui il a fondé une nouvelle famille.*

– J'ai des parents vieillissants ou malades, j'aurai besoin de congés supplémentaires ou de moments dans la journée pour les accompagner chez le médecin et m'occuper de leurs affaires. Cette situation peut s'appliquer à des baby-boomers, des X ou même des Y.

–Mon conjoint est à la retraite, j'ai envie de prendre de plus longues vacances.

– J'ai des adolescents, je suis moins disponible pour faire des heures supplémentaires, car je veux être présent les fins de semaines pour les superviser et les accompagner à leurs activités sportives.

– J'ai des petits-enfants, je dois m'absenter plus souvent pour dépanner ma fille.

– Ma santé est plus fragile, je n'ai pas l'énergie pour accepter plus de responsabilités. Cette situation peut s'appliquer à toutes les générations.

– J'ai des responsabilités financières supplémentaires, je mettrai les bouchées doubles au travail pour avoir une promotion et un meilleur salaire ; j'en trouverai un plus payant ailleurs s'il le faut.

– Je retourne aux études, j'ai des ambitions professionnelles et je veux me servir de mes nouvelles connaissances dès maintenant dans un nouveau poste.

Rares sont ceux qui vivront leur vie comme ils l'ont planifiée ou qui garderont les mêmes caractéristiques et valeurs de leur génération sans que les aléas de la vie ne les fassent évoluer. Les gestionnaires doivent donc mettre à jour leurs informations de façon continue, car ces dernières influenceront les choix et les attitudes de leurs employés au travail et pourraient être source de mésententes et de déceptions. Il est important de vérifier auprès des employés, surtout ceux qui sont à votre emploi depuis longtemps, quels sont leurs aspirations, leurs projets, ce qui se passe dans leur vie, afin de savoir dans quel cycle ils se trouvent. Cela vous permettra d'avoir des attentes réalistes et de prendre de meilleures décisions à moyen terme. Bien entendu, discuter de ces sujets avec son personnel ne doit pas être une forme déguisée d'intrusion dans la vie privée ; c'est un outil qui permet de comprendre les raisons qui motivent les choix de chacun et qui, lorsqu'elles sont inconnues, peuvent contribuer à créer un climat d'incompréhension mutuelle.

« Mais cela n'a aucun sens, je ne peux gérer de façon aussi individualisée ! » Comment se fier aux caractéristiques des générations si elles risquent de changer à tout moment ? Même en essayant de faire preuve de souplesse afin de respecter le plus possible les valeurs et besoins de chacun, il est vrai qu'il est impossible que chaque décision fasse l'affaire de tout le monde. Chercher un taux d'acceptation de 100 % est illusoire ; obtenir un taux de 70 % est cependant possible si l'on tient compte des caractéristiques générationnelles et du cycle de vie. On peut mieux prévoir les situations et les décisions qui, à défaut de plaire à tous, seront mieux comprises et acceptées.

DES COMMUNICATIONS EFFICACES ET TRANSPARENTES

Créer un environnement où les employés baby-boomers, X et Y peuvent et veulent travailler ensemble demande de revoir les façons de communiquer, non seulement le véhicule utilisé, mais aussi le style et le vocabulaire.

Une des critiques qui revient le plus souvent dans la bouche des Y et de plusieurs X, c'est la difficulté à bien saisir les demandes de leurs patrons et collègues plus âgés. Les mots ou les phrases n'ont pas la même signification selon la génération. Vous êtes surpris ? C'est pourtant assez courant. On ne parle pas ici du langage techno des jeunes ou celui, plus bureaucratique ou un petit peu langue de bois, des plus âgés. Il s'agit plutôt de phrases toutes simples qu'on dit quotidiennement et qui font référence à des concepts que nous croyons communs à tous. Les X et les Y les ont entendues à l'école, à la maison et maintenant au travail. « Il faudra que tu travailles plus fort. » « Tu dois améliorer ton comportement. » « Sois plus poli. » « Demain, j'aimerais que tout le monde entre plus tôt. » « Ton attitude n'est pas assez professionnelle. » Pour les baby-boomers, ces phrases sont décodées de façon assez semblable. Par exemple, travailler plus fort veut dire plus d'heures passées à étudier ou au boulot. Améliorer le comportement signifie obéir sans protester et éviter de passer des commentaires. Être plus poli, c'est vouvoyer les personnes plus âgées et démontrer du respect. Entrer plus tôt au travail, c'est être au poste à 7 h 45. Étonnamment, la compréhension peut être très différente pour les autres générations et, du coup, cela crée non seulement des problèmes de communications, mais aussi d'efficacité.

Voici un exemple rapporté par une infirmière en chef : «La semaine s'annonçait très chargée, un nombre inhabituellement élevé de patients étaient inscrits à la clinique le lendemain. À la fin de la première journée, j'ai demandé à l'équipe, formée de X et de Y, d'entrer au travail plus tôt afin de tout préparer avant l'arrivée des patients. Ils ont tous accepté. Le lendemain, j'étais seule à la clinique à 6 h 30 ; les employés X sont arrivés vers 7 h et les Y à 7 h 30. J'étais furieuse et déçue. De toute évidence ils ne sont pas responsables et on ne peut se fier à eux, ils manquent de professionnalisme. «Je vous avais pourtant demandé d'arriver plus tôt, j'ai perdu mon temps à vous attendre. » La réponse l'a surprise. «Mais nous sommes arrivés plus tôt !» En effet, chacun est arrivé une heure plus tôt qu'à son habitude. Si elle voulait que la journée commence à 6 h 30, elle n'avait qu'à le préciser au lieu de présumer que tout le groupe comprendrait les choses de la même manière.

Cet autre exemple est celui d'un employé Y qui se fait dire par son patron qu'il doit travailler plus fort. Il met alors les bouchées doubles le soir à la maison : il lit avec plus d'attention tous les documents, effectue des recherches, avance son travail, prépare ses réunions, etc. Au bout d'un temps, le patron le fait revenir à son bureau lui disant qu'il est déçu de sa performance. L'employé ne semble pas avoir compris le message et ne travaille pas plus fort qu'avant. Le Y est frustré : le patron n'est jamais satisfait ! Il se demande s'il ne devrait pas changer d'emploi. Que signifie travailler plus fort ? Pour son patron baby-boomer, c'est entre autres passer plus d'heures au bureau. Pour lui, un employé qui quitte le bureau avant 18 h se traîne les pieds et n'est pas travaillant. Pour le Y, c'est complètement autre chose. Ce n'est pas le nombre d'heures au bureau qui compte, mais l'engagement dans chacune de ses tâches ainsi que le résultat final. Travailler le soir chez lui peut être plus efficace pour l'organisation et lui que s'il demeure au bureau jusqu'à 18 h.

Des exemples comme ceux-ci se comptent par centaines. Ces erreurs d'interprétation causent énormément de problèmes dans les organisations. Les X et Y n'ont pas le même bagage que leurs patrons et collègues baby-boomers.

Leurs références sont très différentes. Il est vrai qu'à ce chapitre la génération X bénéficie d'un petit avantage : elle a plus d'expérience sur le marché
du travail et a fini par décoder les demandes imprécises soit en prenant le
temps d'observer, soit en posant quelques questions. La difficulté avec les Y,
c'est qu'ils n'envisagent pas toujours de demeurer chez leur employeur assez
longtemps pour déchiffrer les demandes, et observer patiemment prend de
toute évidence trop de temps. Les Y auront tendance à comprendre ce qui fait
leur affaire. Vous dites à un Y que, s'il réussit tel projet, cela lui permettra d'en
obtenir de plus intéressants à l'avenir. Il retient que s'il réussit le projet, vous
lui en donnerez un plus intéressant tout de suite après. Les Y sont pressés,
ont tendance à n'écouter que d'une oreille et à remplir les trous avec ce qu'ils
souhaitent ou croient mériter. Lorsqu'ils réalisent qu'ils ont mal déchiffré les
demandes, cela les démotive et, pire encore, ils ont le sentiment d'avoir perdu
du temps. Or, on sait ce que cela peut provoquer !

Idéalement, tous devraient s'assurer que la requête est qualifiable ou quan-
tifiable. Dans vos communications, précisez les heures, les dates, les objectifs,
les noms ; bref, tenez-vous loin des demandes générales et des commentaires
imprécis. Une façon simple pour vérifier l'efficacité de vos communications
est de demander à l'employé de répéter ce qu'il a compris : vous serez parfois
surpris de la réponse ! Ne tenez jamais pour acquis qu'il sait instinctivement
ce que vous pensez ; faites l'inverse, imaginez qu'il ne le sait probablement
pas. S'il comprend du premier coup, ne vous inquiétez pas, il vous le dira. Évitez de penser qu'ils « devraient le savoir » lorsque les employés demandent des
précisions. Au contraire, appréciez le fait de pouvoir donner une information
juste et pensez que, si vous êtes le premier à répondre aux questions, vous êtes
certain que l'information sera exacte. Même si vous partagez le même espace-
temps qu'eux, ils perçoivent la réalité autrement. Si vous êtes imprécis, vous
serez constamment frustré des résultats, et eux aussi.

Des communications précises sont essentielles, mais encore faut-il
comprendre et prendre en compte l'importance du partage de l'information pour chaque génération. Ce que les gestionnaires décident de dire
ou de taire peut faire toute la différence entre motivation et désengagement. Le carnet de commandes est à la baisse, il y a des rumeurs de vente
à des intérêts étrangers, il y aura un quart de travail de moins : ce sont des
informations qui ont un impact sur la vie de tout le personnel. Au XXIe siècle,
il est de plus en plus difficile de cacher ce qui se passe dans les entreprises.

Le Web est là, à portée de main, permettant de découvrir des informations jusque-là réservées aux initiés et propageant les rumeurs, fondées ou non.

Personne n'est plus compétent, pour chercher l'information, que les X et les Y. Que ce soit parce qu'ils ne vous font pas confiance ou qu'ils soient tout simplement curieux, ils cherchent et se font une opinion, vraie ou fausse, en quelques minutes. Ils trouveront rapidement une multitude de renseignements sur le Web, les sites d'informations, les réseaux sociaux ou dans les groupes de discussions. Les rumeurs que les baby-boomers apprenaient en discutant autour de la machine à café, ils les trouvent chez eux devant l'ordinateur ou sur leur téléphone intelligent et peuvent les partager avec bien plus de monde. Mais quelle est la source de ces informations ? Et comment s'assurer de la qualité de ce qui circule, sinon en donnant l'information soi-même, lorsqu'on sait que les Y ont tendance à faire confiance à ce qu'ils lisent sur la Toile, et ce, même si la justesse des informations est assez variable ? Afin d'éviter les fausses rumeurs de fermeture, de départs forcés ou de coupures alors qu'il n'est question que de changement de production, il est préférable pour les organisations de mettre sur pied un processus ouvert de partage de l'information. Partager avec transparence vaut mieux que de passer son temps à convaincre les X et les Y que ce qu'ils ont lu est faux. Le gestionnaire qui doit constamment expliquer que les informations qui circulent depuis un moment sont fausses a toute une pente à remonter. Plus les informations circulent longtemps, aussi erronées soient-elles, plus elles sont difficiles à replacer dans leur contexte. Il peut être difficile d'instaurer une nouvelle façon de faire plus transparente pour les baby-boomers, qui ont appris de leurs patrons traditionnels que «tu sais ce que tu as besoin de savoir». Aujourd'hui, les générations X et Y ont besoin d'en savoir plus pour demeurer motivées et engagées. Même si c'est inquiétant, elles préfèrent apprendre les mauvaises nouvelles par la direction, car, de cette façon, les Y peuvent faire équipe et participer à la recherche de solutions, et les X mieux se préparer pour la suite. Les manchettes récentes de mises à pied subites de centaines d'employés démontrent bien à quel point cela a un effet dévastateur non seulement sur les employés, mais aussi sur la réputation de l'entreprise. Les organisations en difficulté qui ont tenu leurs employés informés depuis le début s'en sont beaucoup mieux tirées, même si elles ont dû procéder à des coupures ; le respect était toujours là, la loyauté du personnel aussi.

Plutôt que d'être contraints à accepter des coupures qu'ils ne comprennent pas et qui minent leur confiance, les employés préfèrent faire partie de la solution dès le début. Chez les X et les Y, ne pas avoir été informés à temps par les dirigeants, c'est suffisant pour quitter l'entreprise même si leur poste a été épargné. En effet, comment pourraient-ils leur faire confiance dorénavant ?

REVOIR LA FAÇON D'ENCADRER

À partir du moment où l'on accepte que chaque génération travaille de façon différente, il faut aussi accepter que les besoins d'encadrement et les moyens les plus efficaces de le faire sont différents. À ce stade-ci, vous aurez deviné que les baby-boomers et les X ont besoin de moins d'encadrement que les Y, mais la différence ne s'arrête pas là. Le temps accordé à chacune des étapes, du début à la fin du projet, devra de plus être réparti différemment. Les X préférant travailler seuls, et les Y, en équipe, nous pourrions croire que les X ont besoin de plus d'encadrement que les Y, mais ce n'est pas le cas. Encadrer un employé est une façon de s'assurer que le travail sera fait selon les attentes ; c'est également un outil qui permet à l'employé de connaître sa marge de manœuvre et son degré d'autonomie. Un bon encadrement commence avec l'accueil, se poursuit avec le programme de mentorat et se continue au quotidien. La façon dont on choisit d'encadrer chaque personne maximise les chances de succès. Chacun des éléments doit s'imbriquer dans une suite logique : il faut annoncer ce qu'on va faire, faire ce qu'on annonce et, surtout, s'assurer que l'ensemble soit cohérent.

Prenons l'exemple suivant. Vous avez un nouveau projet à proposer à votre équipe intergénérationnelle. Habituellement, vous faites une présentation à l'ensemble du groupe, toutes générations confondues, qui explique le projet et précise les responsables, les objectifs et l'échéancier. Les employés peuvent poser quelques questions, mais en général vous ne voulez pas entrer dans les détails, estimant qu'ils en sauront plus en commençant les travaux. Pourtant, à moins que vous n'ayez pris le temps de donner plus d'information aux responsables et que vous ne leur ayez demandé de la partager, il y a de fortes probabilités qu'ils ne le fassent pas. Toutes les raisons sont bonnes : c'est trop long, ils n'ont pas le temps, ils n'en voient pas l'utilité et, de toute façon, l'équipe va leur faire confiance. Avec ce que vous comprenez des trois générations et de leurs caractéristiques, croyez-vous vraiment que cela sera sans conséquence ? Ne pas tenir compte des différents besoins d'encadrement selon la génération pourrait avoir des répercussions négatives sur l'engagement envers le projet ainsi que sur sa réussite.

Les baby-boomers ont généralement de l'expérience et, de fait, doivent souvent encadrer les employés moins expérimentés. La tendance habituelle et normale est de choisir le modèle qu'ils apprécient et dans lequel ils se sentent à l'aise. Ils donneront des directives claires sans trop de détails, planifieront des rencontres régulières pour faire le point et demanderont à être tenus au courant de chaque changement en se gardant la responsabilité de prendre la majorité des décisions. S'ils supervisent des X de cette manière, cela sera difficile pour les deux parties. Les directives claires et précises seront bien accueillies, la multiplication des rencontres et le contrôle de chaque décision seront perçus comme un manque de confiance, des obstacles à l'efficacité.

En fait, l'encadrement des employés débute, d'une certaine manière, avant même que le projet démarre, en répondant par exemple aux questions des X : « Qui fera partie de l'équipe ? » ; « Quels outils allons-nous utiliser ? » ; « L'échéancier exigera-t-il que nous changions les horaires ? » ; « Devrons-nous effectuer des heures supplémentaires et mettre de côté nos autres tâches ? » ; « Quelle sera notre marge décisionnelle ? » ; « Qui fera quoi exactement ? » ; « Quelles seront les conséquences de la réussite ou de l'échec de ce projet ? » Les réponses à ces questions sont pour l'employé X, tout ce dont il a besoin pour faire son travail. Il a horreur de la microgestion, mais du même souffle, exige de ses supérieurs qu'ils puissent répondre rapidement à ses questions au fur et à mesure que le projet avance. Pour bien encadrer un X, il est plus important d'investir son temps pour donner des réponses avant le début du projet, puis de se rendre disponible par la suite pour donner les autorisations, que de contrôler quotidiennement le travail accompli. Par ailleurs, l'employé Y a pour sa part d'autres besoins. Il doit comprendre le raisonnement qui a mené à ce projet, avant même de le commencer. Qui l'a décidé ? Ce projet est le fruit de quelles réflexions ? Quels sont les objectifs ? Confiant, il espère que c'est la première marche qui le mènera rapidement vers des projets toujours plus gros et stimulants, et veut, d'une certaine façon, faire partie de l'histoire. Le projet a-t-il une valeur autre que monétaire pour l'entreprise ? Les résultats amélioreront-ils nos produits, nos processus ? Permettront-ils de régler un problème qui nous dérange depuis longtemps ? Permettront-ils de développer de nouveaux marchés, d'assurer notre croissance ou de mieux rendre notre service ? Viennent ensuite les considérations personnelles. Travaillerons-nous en équipe et qui la formera ? Quelles seront mes tâches, pourrai-je m'impliquer dans plusieurs aspects du projet et ne pas seulement m'en tenir à mes fonctions habituelles ? Si vous croyez qu'il sera nécessaire d'augmenter la cadence ou les heures de travail, il faut absolument, pour aller chercher l'assentiment des Y, répondre à ces questions, sinon elles vous seront posées sous une forme ou une autre des dizaines de fois durant le projet ; aussi bien y répondre tout de suite. Le Y ne peut travailler dans le flou, il a besoin de sens, il faut l'accrocher dès le début afin qu'il perçoive qu'il fait partie de quelque chose d'important. Encadrer un Y demande de donner beaucoup d'information avant, puis, contrairement aux X, de suivre régulièrement l'avancement des travaux. Il n'a pas de difficulté à participer à des rencontres régulières, mais elles devront être efficaces ; s'il croit qu'il y perd son temps, il y a fort à parier qu'il essaiera de s'en exclure. En outre, le Y a besoin de recevoir des encouragements et de petites marques de reconnaissance tout au long du projet, alors que le X, plus confiant, pourra attendre à la toute fin pour avoir de la rétroaction.

Accorder le même genre d'encadrement à chaque génération, c'est courir le risque qu'une personne au sein de l'équipe ne reçoive pas ce qu'il lui faut pour être au mieux. Le baby-boomer et le X n'ont pas besoin de beaucoup de suivi au quotidien ; leur expérience et leur autonomie suffisent en général. La différence entre les deux est évidente lorsqu'ils doivent travailler avec un responsable qui fait de la microgestion. Le baby-boomer pourra vivre avec ; le X, non. Les Y, eux, peuvent s'en accommoder, surtout au début de leur carrière, car cela augmente leur sentiment de sécurité, mais, une fois l'expérience acquise, ils voient cela comme un frein à leur progression et au plaisir.

La supervision au quotidien devra donc être différente : minime pour les baby-boomers, réduite pour les X, importante pour les Y. La façon de superviser aussi : les baby-boomers aiment le contact personnel, les X préfèrent souvent les courriels ou les rencontres très brèves, et les Y ont besoin des trois. Le gestionnaire qui peut s'adapter un tant soit peu aux besoins de chaque génération augmentera les chances de succès et de collaboration, en donnant le contexte de travail le plus favorable possible. Le modèle de supervision unique, celui qui souvent ne convient qu'au superviseur, produit exactement l'effet inverse : il favorise plutôt le désengagement ou le doute, et diminue l'efficacité. Le Y sera constamment dans votre bureau pour avoir réponse à ses questions, le X vous fuira comme la peste et ne partagera pas ses informations, le baby-boomer ne donnera que le minimum d'effort et sera très frustré.

L'ÉVALUATION

Au même titre que l'encadrement, les évaluations de personnel doivent tenir compte des caractéristiques générationnelles. Bonne nouvelle : tant les baby-boomers, les X que les Y en veulent et en ont besoin.

Le mode d'évaluation demande des ajustements si l'on veut qu'il donne les effets escomptés. Les points communs : prévoir un moment précis pour tenir la rencontre, l'annoncer à l'avance et expliquer précisément sur quoi portera l'évaluation. L'attitude de chaque génération et sa réaction à la critique reflètent la façon dont elle a été éduquée et la fréquence à laquelle elle a été évaluée par les parents, les professeurs et les anciens patrons. Les baby-boomers ont besoin que le processus soit complet, avec des exemples précis sur lesquels ils pourront argumenter. Ils apprécient les remarques sur leur personnalité, leur sens du leadership, leur nature sociale engageante, et ils aiment que leurs succès soient remarqués. Les X voudront aussi des précisions, d'abord pour les commentaires négatifs, puis pour être rassurés sur leur importance dans l'organisation et sur la confiance qu'on a en eux. Comme ils ont tendance à douter, il faudra prendre plusieurs minutes pour les convaincre du bien-fondé des critiques et de l'honnêteté des remarques d'encouragement. Ils préféreront que l'évaluation se fasse surtout sur les compétences, moins sur l'attitude et les comportements personnels qui n'ont pas, à leurs yeux, d'impact significatif sur l'accomplissement de leur tâche.

Les Y veulent une évaluation... positive ! Pour de nombreux Y, en fait, une évaluation est le moment où l'on reçoit les félicitations et les encouragements. Les critiques sont souvent une surprise, reçues à la fois avec incrédulité et tristesse. Il n'est pas rare de voir un Y réagir de façon tout à fait disproportionnée à une critique somme toute assez légère. Pleurs, crise de confiance en soi, remise en question des compétences, du choix de profession ou d'employeur ; tout est possible. Cela ne fait que confirmer le besoin d'un encadrement quotidien précis, avec des remarques et des suggestions pour corriger la situation au fur et à mesure. Si le gestionnaire songe : « Il aurait dû se douter que je ne serais pas satisfait », il doit se demander si l'employé avait été informé avec précision des attentes avant le début du travail, pas six semaines plus tard, au moment de l'évaluation. Le Y, comme nous l'avons déjà dit, a parfois de la difficulté à évaluer les conséquences de ses actions et à en accepter la responsabilité. Il pourrait bien vous demander une promotion après une évaluation négative ! Plus il y a de travail fait en amont, plus l'évaluation sera un outil utile et efficace pour les deux parties. Il est possible que ce soit la première fois qu'il reçoive un commentaire négatif et qu'il en subisse les conséquences, avec toutes les répercussions que cela peut entraîner, pour lui comme pour vous qui pourriez, par exemple, recevoir l'appel d'un parent hélicoptère ! Commencer et terminer la rencontre sur un commentaire positif sera assurément une bonne stratégie. Commenter son attitude, ses relations avec les autres, son enthousiasme, son ouverture au changement et son potentiel est aussi important pour lui que ses compétences professionnelles. Demandez-lui quels sont ses objectifs personnels et expliquez avec précision ce qu'il devra faire pour les atteindre : c'est une façon de dédramatiser tout le processus et de le rendre plus compréhensible.

Dans le processus d'évaluation, pour l'ensemble des générations, la précision est essentielle pour éviter les malentendus. Si, en outre, vous permettez aux employés d'évaluer à leur tour leur milieu de travail et de préciser ce qui pourrait les aider à donner une meilleure performance, vous avez alors tous les outils en main. D'ailleurs, même si vous ne la demandez pas officiellement, les Y, habitués depuis toujours à donner leur opinion, le feront : n'oubliez pas, ils forment une équipe AVEC le patron.

LA RECONNAISSANCE

« Il n'y a pas que l'argent dans la vie, il y a aussi les chèques ! » Vous vous rappelez peut-être ce slogan des années 1980. En 2012, ce slogan pourrait être formulé ainsi : « Il n'y a pas que l'argent dans la vie, il y a aussi le temps ! » Car lorsqu'on parle de reconnaissance au travail, il est habituellement question de prime, d'augmentation de salaire ou de promotion. Ces éléments ont toujours leur place, mais ils sont constamment comparés à la possibilité d'avoir plus de contrôle sur le temps. C'est particulièrement vrai chez les X, les Y et, ces dernières années, de plus en plus de baby-boomers. Quand elles ont le choix, un nombre grandissant de personnes préfèrent plus de temps libre. Quitter le bureau plus tôt, ne pas travailler certains vendredis, plus de journées de vacances ; les formules sont multiples, et le résultat, toujours surprenant. Les personnes qui ont un plus grand contrôle sur la façon d'utiliser leur temps en passent moins au bureau, c'est vrai, mais sont souvent plus productives lorsqu'elles y sont. Donner le choix, c'est une marque de confiance, c'est reconnaître que l'employé est plus qu'un employé, qu'il est aussi un parent, un citoyen engagé qui a des responsabilités et qui s'épanouit à l'extérieur du travail. Le temps, c'est la nouvelle monnaie.

En plus d'offrir du temps, il existe d'autres moyens de reconnaître la contribution des employés de toutes les générations : améliorer les outils de travail et la formation professionnelle pour les X, offrir de participer à des congrès et des activités de réseautage pour les baby-boomers, proposer aux Y un nouveau défi exigeant et différent de leurs tâches habituelles. Il y a quelques années, les employés d'une grande firme d'actuariat se sont retrouvés bien malgré eux au cœur de ce problème. Au cours de la période s'étendant de l'automne au printemps, la nature de leur activité demande qu'ils travaillent un nombre très élevé d'heures chaque semaine. Lorsque l'été arrive, tout tombe au point mort, il n'y a pas suffisamment de travail pour bien occuper sa journée. Chaque année, pour compenser les heures de travail de la période de pointe, ils reçoivent de généreuses primes financières. Personne ne se plaint des horaires de fous de cette période, cela fait partie du métier ; par contre, la plupart trouvent idiot de devoir se présenter tous les jours au bureau l'été alors qu'il n'y pas assez de travail pour eux. Ce n'est pas rentable et c'est frustrant. Ils ont proposé à leur employeur de laisser tomber la compensation financière et d'offrir plutôt des journées de vacances additionnelles en été et un horaire allégé. En effectuant tous les calculs – ce sont des actuaires, après tout –, ils ont découvert que l'employeur réaliserait des économies substantielles. Les employés étaient persuadés que la firme accepterait la proposition, surtout que cela ne la mettait absolument pas en péril. La réponse : non, impossible. Pour la direction, impossible de concevoir l'idée de donner des congés supplémentaires. Les employés sont rémunérés pour leur présence au travail ; s'ils sont absents, ils ne peuvent être payés... Résultat, une dizaine d'actuaires ont claqué la porte, du jamais vu ! Combien le remplacement de 10 actuaires d'expérience a-t-il coûté à l'entreprise ?

Les marques de reconnaissance doivent non seulement correspondre au profil des générations, mais tenir compte du cycle de vie des employés. La montre en or, qui a fait la fierté des traditionnels en fin de carrière et représentait un gage de longévité et de loyauté, a été remplacée par des marques de reconnaissance liées au présent et qui ont des impacts immédiats sur la vie professionnelle et familiale. Là encore, selon le cycle de vie, ce qui nous apparaissait comme pertinent dans le passé peut ne plus convenir quelques années plus tard.

Pour conclure, s'il peut sembler que, de l'accueil des nouveaux employés à la façon de communiquer, du bilan générationnel à la reconnaissance, toutes ces suggestions s'adressent principalement à la génération Y, il n'en est rien. Il est vrai que les Y en ont été les catalyseurs, car leur arrivée sur le marché du travail nous a fait prendre conscience que les besoins des générations semblaient de plus en plus distincts. Par contre, les demandes poussées par une génération peuvent facilement rejoindre les besoins des autres ; toutes les générations aiment avoir plus d'information, mieux comprendre leur milieu de travail et leurs collègues, et avoir des relations agréables et stimulantes avec eux. Toutes ont besoin de se sentir comprises et acceptées dans leurs différences comme dans leurs similitudes. Les rampes d'accès, qui sont maintenant la norme de toutes les nouvelles constructions, ne font pas que l'affaire des personnes handicapées : les personnes âgées, les personnes à mobilité réduite, les mamans avec des poussettes et les gens qui transportent des colis les utilisent avec plaisir. Il en va de même pour les changements proposés par l'arrivée de la nouvelle génération : ils peuvent et doivent avoir du bon pour tout le monde.

PARTIE 4

LES DÉFIS ET LES PIÈGES
DE L'EMPLOYEUR

De plus en plus d'entrepreneurs, de cadres, et d'employés constatent que la cohabitation de trois ou même quatre générations au travail est une réalité qui fait maintenant partie de leur quotidien. Certains sentent déjà l'impact sur l'organisation, mais cette dynamique ne fait que commencer. La situation va évoluer les 10 prochaines années, alors que les baby-boomers continueront à prendre leur retraite (quoique plus tard depuis la nouvelle loi fédérale), et que les X et les Y occuperont en majorité les postes de direction. En réalité, le monde du travail doit déjà s'adapter, et les défis sont nombreux.

LE RECRUTEMENT ET LA RÉTENTION DE LA MAIN-D'ŒUVRE

Départ des traditionnels et de nombreux baby-boomers, vieillissement de la population, diminution de la main-d'œuvre disponible en raison du désintérêt des jeunes pour certaines formations : le recrutement et la rétention sont des problèmes qui touchent toutes les générations, tant les baby-boomers que les X qui veulent remplacer les retraités et gérer la croissance que pour les entrepreneurs Y qui veulent embaucher des gens d'expérience pour consolider leur jeune équipe. Il est fini le temps de la petite annonce du samedi, qui générait des dizaines de *curriculum vitæ*. Un recrutement efficace passe désormais par la personnalisation de la stratégie. Les baby-boomers lisent encore les journaux traditionnels, les X utilisent aussi les médias indépendants et les sites de recrutement et d'offres d'emploi, alors que les Y visitent des sites dont le contenu est généré par le public. Si l'on veut recruter, il faut être partout ! Inutile de faire la liste de tous les médias qui existent pour afficher une offre d'emploi, la majorité des gestionnaires en ressources humaines sont bien au fait des tendances. Ce qu'ils semblent oublier, par contre, c'est l'importance de la variété des informations qui doivent être disponibles pour attirer et intéresser les candidatures.

Nous venons de le voir, chaque génération a ses propres motivations pour accepter un poste, et l'offre doit les refléter d'une façon ou d'une autre. Évidemment, tout ne peut être écrit dans une petite annonce, qu'elle soit affichée dans un grand quotidien, une revue spécialisée ou un site Internet de recherche d'emploi. Ces renseignements doivent donc se trouver sur le site Web de l'entreprise. Puisque les offres d'emploi raccourcissent de plus en plus – le nom de l'employeur, le titre du poste, quelques exigences et le renvoi pour plus de détails à l'adresse électronique du Service des ressources humaines –, le site Internet prend de plus en plus d'importance. Malheureusement, c'est souvent là que tout se gâte. Oubliez les animations coûteuses, les belles photos qui ne représentent pas la réalité, le mot de bienvenue du président de la compagnie, les textes interminables ou carrément fleur bleue vantant les mérites d'un emploi « pour réaliser tous ses rêves ». Chaque génération cherche dans les offres d'emploi des réponses à ses motivations et ses valeurs ; ce que vous transmettez et comment vous le faites sont primordiaux. La règle la plus importante est simple : si vous ne pouvez pas le prouver, vous ne l'écrivez pas.

« Nous sommes une entreprise qui croit en l'équilibre travail-famille. » Si c'est tout ce qui est écrit sur le sujet, il est inutile de le mentionner. Cela ne fait que susciter le scepticisme, particulièrement de la génération X. Si l'affirmation est vraie, il faut donner des exemples concrets et vérifiables : « Nous avons un horaire de travail flexible permettant aux parents de travailler de la maison un vendredi sur deux. » Si vous indiquez que l'entreprise est engagée dans sa communauté, précisez à quel endroit et dans quelle mesure : « Nous parrainons les cinq équipes sportives du quartier en fournissant les uniformes. » Aux entreprises qui seraient tentées de mettre sur leur site Web des phrases à la mode sur l'équilibre travail-famille, leur bilan environnemental, la gestion participative ou l'engagement dans le milieu, pensant ainsi attirer Y, baby-boomers ou X par leur point sensible respectif, attention ! Les X et les Y se méfient des promesses qui ne sont pas prouvées et ils ont la mémoire longue. Ils feront leurs recherches, iront vérifier si les informations sont véridiques et les posteront sur les réseaux sociaux qui sont une petite mine d'or pour savoir ce qui se dit sur un employeur. Pour de nombreux diplômés, le marché de l'emploi est encore assez ouvert ; ils n'ont pas de temps à perdre avec un employeur qui leur met de la poudre aux yeux et tente de les intéresser en embellissant la réalité. Que faire si votre bilan environnemental n'est pas très reluisant, mais que vous désirez vraiment l'améliorer ? Dites-le et invitez vos futurs employés à faire partie de la solution ; la franchise donne les meilleurs résultats à court, moyen et long termes.

Ce que vous choisissez d'écrire sur votre site doit être plus que de simples informations destinées à recruter, mais plutôt faire partie intégrante de l'entreprise. N'hésitez pas à en reparler de façon plus précise lors de l'accueil ; il s'agit d'une façon de plus de confirmer que l'employé a fait le bon choix et que ce ne sont pas que des formules de marketing. Lorsque l'on recrute, le poste et les conditions salariales sont bien entendu très importants, mais les informations qu'on pourrait qualifier de secondaires le sont tout autant. Un Y passionné d'environnement pourra refuser un poste formidable dans une entreprise qui n'agit pas de façon responsable en la matière, mais accepter un travail moins bien payé dans une autre parce qu'elle a une accréditation environnementale reconnue. Le X sera tenté par une entreprise qui offre de belles occasions de formation, même si le salaire est le même que son salaire actuel. Ce dernier n'est plus toujours le facteur déterminant. C'est sur ce point que de plus en plus de petites entreprises, dont les salaires ne sont pas en mesure de rivaliser avec les plus grandes, peuvent se rattraper. La possibilité d'avoir plus de contrôle sur son temps, un programme visant la santé physique et mentale, un environnement de travail plus convivial, la possibilité de faire du bénévolat un vendredi après-midi par mois par exemple ; tous ces petits avantages ont leur importance selon les générations. Un fait demeure, peu importe la génération : les personnes à la recherche d'un emploi sont plus informées que jamais et plus au courant de leur valeur et de leur pouvoir de négociation, d'où la nécessité de se pencher sur les moyens de retenir le personnel. Les motivations et les valeurs, qui sont un facteur très important dans le recrutement, le sont tout autant pour la rétention de la main-d'œuvre. Pour garder les employés de toutes les générations, il faut donc que chacun y trouve ce qu'il cherche une fois sur place.

Fort heureusement, comme il a été démontré précédemment, il n'est pas nécessaire de multiplier à l'infini les moyens pour attirer et garder les employés de toutes les générations. De nombreuses actions font le bonheur de plus d'une génération à la fois. Les principes de bonne gestion font évidemment l'affaire de tout le monde. Depuis 10 ans, un élément a cependant de plus en plus de poids dans la décision de choisir et surtout de demeurer chez son employeur : la présence d'une garderie en milieu de travail.

Longtemps considérée comme un avantage pour les travailleuses, la garderie en milieu de travail est devenue un avantage pour les deux parents et l'employeur. Quand on connaît les difficultés pour les parents de trouver une garderie non loin de la maison ou du travail, qui a des heures souples et peut accommoder des horaires atypiques à un prix abordable, il est facile de comprendre l'attrait que représente un employeur doté de son propre service de garde. Les pères et les mères sont de plus en plus engagés auprès de leurs enfants, et la plupart des deux parents travaillent. Une garderie en milieu de travail apporte de la stabilité, une diminution du stress, une augmentation de la présence au travail et peut encourager les employés à revenir plus rapidement à temps plein après leur congé parental. Cet investissement est important, certes, mais les bénéfices sont immenses, sans oublier la tendance des jeunes Y à vouloir fonder des familles plus nombreuses, comme en témoignent les plus récentes statistiques. Si l'on calcule que chaque enfant passe 4 ou 5 années à la garderie, et qu'il aura un ou 2 frères et sœurs, cela peut vouloir dire près de 10 années à l'emploi pour le parent. Le changement étant source d'inquiétude et de stress, les employés voudront demeurer le plus longtemps possible dans cet environnement qui facilite autant leur vie familiale que professionnelle, et ils le diront à qui veut l'entendre. Les employés y trouvent leur compte et seront reconnaissants à l'entreprise, l'employeur aura du personnel heureux et productif, tout en améliorant son image de marque. Même les employés qui n'ont pas de jeunes enfants y trouveront des bénéfices. Moins d'absentéisme dans leur équipe de travail, moins de départs à la sauvette en fin de journée parce que la garderie pénalise les parents après 17 heures et moins d'inquiétude de leurs collègues quand l'enfant est légèrement malade et qu'il est tout de même à la garderie.

LE REMPLACEMENT DES CADRES, UN DÉFI POUR LES PATRONS ET POUR LES X

Alors que les baby-boomers s'engagent tranquillement vers la retraite, beaucoup d'organisations se demandent comment elles pourvoiront les postes de cadres vacants. Elles cherchent souvent le même type de personnes, mais les X et les Y ne sont pas des versions plus jeunes des baby-boomers.

Logiquement, les gestionnaires devraient regarder du côté des X qui sont non seulement en âge d'accepter ce degré de responsabilités et ont une bonne connaissance du milieu, mais qui ont accumulé un bagage de connaissances permettant de faire le pont entre les méthodes des baby-boomers et celles, souvent novatrices, des Y.

La réalité peut être tout autre. À la grande surprise de la génération X, de plus en plus de Y sont pressentis pour les postes de cadres. Pour les X maintenant prêts et désireux de gravir les échelons, c'est une autre gifle, une preuve supplémentaire de leur proverbiale guigne et qu'ils ne peuvent se fier aux aînés et au système pour garantir leur bien-être et l'avancement de leur carrière. Ils se sentent encore comme une génération sacrifiée, coincée entre deux groupes qui les ignorent. Pas étonnant que quelques X aient tendance à jouer les victimes.

Comment se peut-il qu'on puisse songer à passer par-dessus une géné-ration pour assurer la pérennité de nos institutions? Les X sont pourtant éduqués, ont de l'expérience, sont travaillants et responsables, alors où est le problème? La réponse est brutale: on ne pense pas à eux. Leurs compé-tences et leur sens des responsabilités sont reconnus, mais les patrons ne les connaissent pas beaucoup, en réalité pas autant que leurs collègues baby-boomers et moins que leurs employés Y. La génération X, particulièrement la première moitié de la cohorte, a été discrète, peu engagée et n'a pas pris le temps ni consenti les énergies pour se faire connaître de façon plus large. Le fait d'avoir été des contractuels pendant plusieurs années y est sûrement pour quelque chose. Cependant, les X ont continué à limiter les interactions une fois bien en selle dans un poste permanent. Expliquons le phénomène.

Parce qu'ils ont placé les enfants et l'équilibre travail-famille en tête de leurs priorités, ce qui est tout à fait louable, et qu'ils ne se sont pas complètement engagés envers leur employeur, ils ont du même coup passé moins de temps au travail et dans les activités connexes. Ils ont bien exé-cuté leurs tâches, respecté les échéanciers, amélioré leurs compétences, mais ils n'étaient pas souvent disponibles pour faire partie du comité social, du syndicat ou pour siéger à un comité provincial. Ils ont hésité quand on leur a demandé d'assister à une réunion qui les éloignerait de la maison plus d'une nuit et ont refusé un poste qui demandait d'être sur la route plusieurs fois par mois. Les X, comme les baby-boomers avant eux, ont fait des choix en fonction de leurs priorités, ce qui est tout à leur honneur. Mais contrairement aux baby-boomers, ils semblent en avoir mal mesuré les conséquences et, en refusant les compromis, se sont isolés. Sans s'en rendre compte, à force de décliner les invitations, les X ont donné une fausse impression de ce qu'ils étaient. Leurs collègues et patrons ont pensé qu'ils avaient peu d'ambition et qu'ils n'étaient pas intéressés ou ne pouvaient pas participer à des projets hors de leurs tâches. Maintenant que les enfants ont grandi et ne demandent plus autant de supervision, que le poste est stable et que plusieurs bénéficient de plus de sécurité financière, ils se sentent prêts à courir des risques et à s'engager plus à fond dans leur carrière, en oubliant que leur attitude passée pouvait être un frein à leurs projets. Les X sont parfaitement capables d'assumer des postes de responsabilité et de remplacer graduellement les baby-boomers qui partent à la retraite, mais peu de gestionnaires savent qu'ils ont maintenant de l'intérêt pour ces emplois qu'ils ont abondamment critiqués par le passé à cause de leurs aspects contraignants. D'ailleurs, il n'est pas rare d'entendre un patron dire à un X déçu d'avoir été laissé de côté pour un projet qu'il ne pensait pas que cela l'intéressait. C'est là où le bilan générationnel et le cycle de vie prennent tout leur sens et peuvent éviter de rater l'occasion de choisir la meilleure personne.

Observez autour de vous les X qui détiennent des postes de responsabilité. En général, ils ont agi en partie comme les baby-boomers avant eux : ils se sont engagés auprès de leur employeur de diverses façons, faisant sans trop se plaindre les compromis nécessaires. Ils n'ont pas été de tous les comités, mais n'ont pas systématiquement refusé les demandes, ils ont fait à l'occasion des heures supplémentaires et ont proposé leur aide lorsque des projets de dernière minute ont surgi. Les X qui ont choisi la voie du milieu, résistant au zèle des baby-boomers et à la rigidité des autres X, sont connus des gestionnaires et récompensés en conséquence. Le grand défi pour les autres X est de réaliser que leurs choix de vie ont maintenant des impacts négatifs. S'ils veulent accéder à plus de responsabilités, ils devront faire des compromis, annoncer leurs intentions et démontrer leur intérêt. Blâmer les Y qui se sont présentés avec enthousiasme et ouverture dès le premier jour ne change rien à la réalité. Pour la génération X qui veut maintenant prouver ce dont elle est capable, il faudra malheureusement mettre les bouchées doubles et accepter d'être en compétition avec la génération Y qui, comme les baby-boomers avant eux, s'est fait connaître de la direction, a manifesté de l'intérêt très tôt pour les postes supérieurs qui proposaient des projets intéressants et a prouvé par ses actions qu'elle avait de l'ambition. Certains diront même un peu trop, compte tenu de son inexpérience. Dans le cas du remplacement des cadres, l'attitude du passé est souvent, en partie, garante de l'avenir ; il n'est pas trop tard pour les X pour se faire valoir.

GARDER LES Y

Contrairement aux X, le défi des Y n'est pas d'être remarqués par la direction, mais plutôt de réaliser que les organisations demandent plus que de l'enthousiasme de leurs cadres. Souvent, ils ne connaissent pas le principe du bas de l'échelle et encore moins sur quoi se basent les gestionnaires pour accorder les promotions. Ils ont besoin d'expériences, de vécu, ce qui nécessite du temps et de la patience. La vie se déroulant pour eux à haute vitesse, leurs attentes sont ambitieuses, mais si elles prennent trop de temps à se réaliser, ils ont tendance à aller voir ailleurs plutôt que de réviser leur plan. Le défi des Y d'aller chercher cette nécessaire expérience devient donc celui des X et des baby-boomers qui les supervisent. Comment leur expliquer les façons d'atteindre leurs objectifs et les convaincre d'être patients en demeurant dans l'organisation ?

Le discours traditionnel sur l'importance de la planification de carrière répond parfaitement aux attentes des baby-boomers, mais n'éveille pas de résonances chez les Y. Plutôt que de parler de plan de carrière, donc d'une planification linéaire, il faut parler de projet, selon une approche non chronologique qui les rejoint. Si l'employé Y mentionne qu'il vise les plus hauts sommets de l'organisation, il est prudent de vérifier pourquoi. La plupart du temps, ce n'est pas une question de statut ou de salaire, mais simplement parce qu'il croit que le travail est plus intéressant. Qu'est-ce qui lui laisse croire qu'un poste plus élevé dans l'organisation ne comporte pas les mêmes éléments qu'il n'apprécie pas dans son poste actuel ? Quelle est sa perception des responsabilités et de la vie que mène un cadre ? Très influencés par le cinéma et les séries télévisées, les Y ont souvent une idée irréaliste des avantages et des inconvénients de certains postes prestigieux, en plus d'ignorer les compétences et les exigences nécessaires pour y accéder.

Votre Y est ambitieux, mais, selon vous, n'est pas prêt à faire le grand saut parce qu'il manque d'expérience ? Le défi est de le garder dans l'organisation, en le formant et le suivant de près afin qu'il puisse réaliser ses ambitions, tout en sachant qu'il n'y a aucune garantie qu'il reste avec vous une fois qu'il sera prêt. Qu'est-ce qui rendrait son poste actuel plus intéressant et le convaincrait de rester ? L'idée n'est pas de le décourager d'avoir de l'ambition, mais de trouver des façons de le garder à l'emploi suffisamment longtemps pour qu'il acquière de l'expérience et puisse éventuellement gravir les échelons. Un bon moyen est de lui démontrer les liens entre ses activités actuelles, les compétences qu'il acquiert et celles qui lui seront nécessaires dans les emplois qu'il convoite.

Quels sont ses objectifs et ses motivations à court terme ? Le baby-boomer et le X peuvent l'aider à choisir les projets auxquels il travaillera en fonction de ses objectifs et compléter son expérience par des activités de formation. Il est vrai que le Y que vous préparez à un poste de responsabilité pourrait ne l'occuper que deux ou trois ans une fois qu'il l'aura obtenu. Le modèle qui a prévalu au temps des traditionnels et des baby-boomers est quelque peu révolu. Ce qui, dans une carrière, prenait 10 ans à se réaliser peut maintenant se faire beaucoup plus rapidement, les Y n'ont pas nécessairement à « manger leurs croûtes » aussi longtemps que leurs aînés. La pénurie de main-d'œuvre change la donne et permet aux employés de sauter d'un employeur à un autre lorsque les promotions tardent trop. D'un autre côté, il y aura toujours un compétiteur pour voir du talent prêt à être utilisé là où un autre ne voyait qu'un potentiel lointain.

La génération Y, comme les autres d'ailleurs, n'est pas monolithique. Plusieurs jeunes Y démontrent une maturité, un enthousiasme et des compétences suffisants pour qu'ils puissent obtenir rapidement un poste de cadre dans l'organisation. Pour ces jeunes, le défi est de taille, car devenir le patron d'employés X et même baby-boomers n'est pas chose facile ; c'est une raison de plus de le former sur les relations intergénérationnelles. Trouver des personnes pour pourvoir aux postes de cadres représente un défi important pour les employeurs. Pour les X et pour les Y qui y postulent, c'est souvent une compétition entre les générations, dans tous les sens du terme.

ÉVITER LES IDÉES PRÉCONÇUES

Quelle est la vision des employeurs sur l'impact des relations intergénérationnelles au travail? Croient-ils que c'est une mode passagère, que cela ne s'applique qu'aux autres? Ont-ils déjà un bon bagage pour leur permettre de reconnaître les difficultés issues des caractéristiques générationnelles? Comme nous l'avons vu, les défis sont grands pour les gestionnaires et pour les employés des différentes générations qui doivent cohabiter. Avant même de s'attaquer aux défis que nous avons énoncés, il y a plusieurs pièges à éviter.

Le premier est de croire que le sujet des relations intergénérationnelles peut être remis à plus tard. Cette idée est particulièrement vraie chez les dirigeants baby-boomers qui, à quelques années de la retraite, pourraient ne pas avoir envie de s'investir dans tous les changements demandés par les différentes générations et laisser cette tâche aux autres après leur départ. Pour adapter l'environnement de travail et passer au XXIe siècle, il n'est pas minuit moins cinq, il est minuit une. Les entreprises qui ne sont pas à l'écoute des besoins de leur personnel issu de générations différentes ont déjà des problèmes dans le recrutement de nouveaux employés, le remplacement des cadres, la rétention du personnel. Le nombre de conflits générationnels ne diminuera pas. C'est maintenant qu'il faut tenir compte des facteurs générationnels et mettre en place des mesures adaptées qui feront en sorte de ne pas se retrouver dans quatre ou cinq ans complètement dépassés par le phénomène et par la concurrence qui aura décidé d'agir plus tôt.

Le deuxième piège est de croire que les nouvelles demandes des employés X et Y sont uniquement les conséquences des récentes années fastes du marché de l'emploi. Ces demandes seraient des caprices causés par une période prospère où l'employé sait qu'il y a un manque de main-d'œuvre et s'en sert pour négocier des conditions à son avantage. Les tenants de cette théorie croient et espèrent que les difficultés que vit l'économie depuis 2008 – la hausse du taux de chômage, la fermeture ou la délocalisation de plusieurs entreprises –, changeront la donne et feront comprendre aux travailleurs que la survie du système passe par sa pérennité, son immuabilité. Entre choisir l'emploi parfait ou rien du tout…

ils se contenteront de ce qui est offert. C'est une vision risquée qui s'appuie sur le passé et non sur la réalité. Contrairement à la génération des traditionnels, les trois autres générations présentes sur le marché du travail ne veulent pas nécessairement changer leurs conditions parce qu'elles sont mauvaises à la base, mais plutôt parce qu'elles ne leur permettent pas de vivre leur vie conformément à leurs valeurs. Les employeurs peuvent espérer que certaines caractéristiques des générations changent et évoluent avec le temps, particulièrement chez les plus jeunes, mais en ce qui a trait aux valeurs, c'est peu probable. Étant donné que les occasions d'emploi sont maintenant planétaires, ceux qui attendent que la crise économique fasse réfléchir ceux et celles qui veulent travailler autrement courent le risque de se retrouver avec les employés les moins performants, car les plus débrouillards et compétents, conscients de leur valeur, auront décidé de tenter leur chance ailleurs. Il y aura toujours une entreprise qui leur offrira ce qu'ils souhaitent, ne serait-ce que pour recruter les meilleurs.

Un autre piège est de ne pas être proactif. L'avenir appartient à ceux qui se lèvent tôt ainsi qu'aux audacieux qui anticipent les besoins et savent s'adapter. Dans le cas des relations intergénérationnelles au travail, la majorité des entreprises sont en mode réaction : elles s'occuperont des problèmes quand ils surgiront. Mais seront-elles prêtes ? Les nouveaux problèmes demandent aussi des solutions nouvelles qui prennent du temps à élaborer et implanter.

Il est faux de croire qu'aucune entreprise n'a commencé à tenir compte des générations dans l'organisation du travail. Certaines sont même assez avancées dans le domaine au Québec, telle cette firme comptable qui commençait à avoir de la difficulté à garder ses jeunes employés puisque la demande du marché et la concurrence étaient fortes. La haute direction a questionné les employés démissionnaires pour connaître les raisons de leur départ. À sa grande surprise, elle a découvert que les avantages qu'elle offrait et qui plaisaient aux autres générations n'avaient aucun effet de rétention sur les plus jeunes. La direction a décidé de prendre le taureau par les cornes et de revoir totalement la façon de travailler. On a mis en place un environnement de travail à aires ouvertes favorisant les échanges pour ceux qui le souhaitent, avec la possibilité d'avoir accès à un local fermé pour les autres ; l'évaluation est dorénavant basée sur le travail accompli et la performance plutôt que sur le temps passé au bureau ; la firme offre du soutien familial pour amoindrir les inconvénients des voyages à l'extérieur pour rencontrer des clients. Ce grand cabinet comptable, situé à Montréal, a vu son taux de recrutement et de rétention augmenter et est vite devenu la référence des nouveaux diplômés en recherche d'emploi. Les possibilités de choisir l'horaire le mieux adapté à la fonction et aux considérations personnelles, de choisir dans une brochette d'avantages ceux qui conviennent aux besoins individuels ainsi qu'une variété de marques de reconnaissance selon les intérêts font en sorte que, dans cette entreprise, toutes les générations trouvent un milieu convenant à leurs aspirations.

L'approche générationnelle est explorée jusque dans un milieu hiérarchisé et de longues traditions comme les Forces canadiennes. Bien que les structures et la culture militaires soient ancrées depuis des décennies, les Forces canadiennes, surprises de se faire questionner par les recrues, ont décidé de ne pas attendre que les problèmes deviennent insurmontables pour commencer à réfléchir et à prendre des mesures pour tenir compte des attentes et des valeurs des nouvelles générations. Le sujet est à l'ordre du jour des conférences et formations pour ceux et celles qui assurent le leadership, et les résultats des travaux sur cette question sont au cœur des mesures mises en place pour appuyer les cadres, tant X que Y, dans l'exercice de leurs fonctions. Les officiers d'expérience ont vite réalisé que plusieurs changements proposés ou provoqués par les nouvelles générations profitent à l'ensemble du corps militaire, comme lors de la présentation des missions aux soldats.

Par le passé, l'accent était mis en priorité sur l'énoncé de mission. Du choix des mots à l'emplacement des virgules, l'élaboration et la transmission de l'énoncé de mission nécessitait non seulement beaucoup de préparation, mais aussi la majeure partie du temps de la rencontre d'information avec les soldats. La communication de la mission devait informer, mais elle devait aussi servir à mobiliser et stimuler l'engagement des militaires. Il devenait évident qu'avec les X et Y elle ne donnait plus le résultat escompté.

Les choses se font désormais autrement. On consacre beaucoup plus de temps à exposer l'intention de la mission qu'à la définir. L'énoncé est toujours important, mais la mobilisation, l'acceptation et l'engagement passent par des intentions claires, précises et permettant de comprendre ce qu'on attend des militaires de façon concrète. Dans certains milieux, il est même envisagé de commencer la rencontre en parlant de la finalité, puis de présenter l'intention et de terminer par l'énoncé de mission. Bien que cette approche soit directement liée au besoin de sens de la génération Y, les commentaires positifs des officiers prouvent que cela a un effet favorable sur toutes les générations. Si les responsables avaient attendu que l'organisation change complètement sa culture pour agir, elle en serait encore à la case départ, alors que leur ouverture à comprendre et adapter les façons de faire dans les limites qui sont les leurs donne déjà des résultats positifs et augure bien pour la suite des choses.

Ces deux exemples issus de milieux complètement différents montrent qu'une approche proactive donne des résultats concrets et positifs. Elle permet de renverser la tendance et de positionner avantageusement l'entreprise. Attendre que la situation économique se rétablisse, que les problèmes soient plus criants ou que la prochaine convention collective vienne à échéance pour tenir compte des besoins générationnels, c'est risquer gros. Personne ne peut dire si la situation économique va se rétablir et combien de temps s'écoulera avant la prochaine crise. Entre-temps, la compétition aura eu le champ libre pour recruter les meilleurs éléments chez les employeurs retardataires et ainsi assurer sa relève. Pourquoi ne pas assumer le leadership en la matière et commencer les discussions dès maintenant avec les employés, les syndicats et l'ensemble de l'organisation ? Par le biais de projets-pilotes soutenus et supervisés conjointement par l'ensemble des acteurs, il est possible de tester différentes formules et de choisir ensemble celle qui est la plus équitable pour tous. Attendre que l'une ou l'autre des parties présente ses demandes lors de la prochaine négociation, c'est risquer de ne pas être prêt et de possiblement abandonner ces demandes qualifiées de « non urgentes » pour obtenir d'autres avantages. Les différences générationnelles sont là pour rester, aussi bien en tenir compte dès maintenant, avant qu'elles produisent une crise qui sera plus difficile à gérer à l'avenir.

Le quatrième piège est de croire que le concept des différences générationnelles est seulement nord-américain. Cette idée est souvent énoncée, particulièrement par les chefs d'entreprises qui ont des filiales un peu partout dans le monde. Si ce livre fait surtout référence à la réalité des générations québécoises et américaines, il peut s'appliquer, en partie du moins, à certains pays européens, quoique de manière nuancée. La réalité des traditionnels européens qui ont vécu les deux guerres mondiales de l'intérieur est différente de celle des Nord-Américains. Les baby-boomers qui ont grandi durant la reconstruction de l'Europe possèdent des caractéristiques communes aux nôtres, mais leur réalité a aussi forgé des différences. La culture, l'éducation sont aussi différentes. Par contre, si l'on regarde du côté des générations X et Y, on peut observer des similitudes très importantes. Tant du côté de l'Amérique du Nord que de l'Europe, on recense de nombreuses valeurs communes, même si la façon de l'exprimer est différente. Les jeunes de plusieurs pays européens n'ont pas autant de pouvoir et ne sont pas toujours pris au sérieux par les générations plus âgées. Une culture plus hiérarchique et traditionnelle, jumelée à un système politique laissant peu de place aux jeunes, les rend moins présents dans le débat public. Ils n'en pensent pas moins. Faire des changements dans l'usine québécoise en se disant que ce ne sera pas nécessaire dans l'usine européenne est une erreur. Il est vrai que la situation économique est plus difficile là-bas et que les taux de chômage font en sorte que les jeunes s'accommodent plus facilement d'un poste qui ne rejoint pas leurs valeurs, mais la crise ne sera pas éternelle et, si les employeurs veulent fidéliser leurs employés X et Y, tôt ou tard, ils devront affronter le problème.

Qu'en est-il des pays africains, arabes, latino-américains et asiatiques ? Ils sont présentement en plein baby-boom, certaines régions du monde étant composées à 75 % de personnes de moins de 30 ans. Leurs aspirations sont celles de nos baby-boomers d'après-guerre : une vie meilleure, plus d'occasions, plus d'éducation et plus de liberté. Leur voix commence à se faire entendre, comme en font foi les révolutions du Printemps arabe. Il y a fort à parier que leur génération baby-boom sera plus petite que la nôtre, les changements de société se produisant beaucoup plus rapidement. Mais la génération suivante sera-t-elle à l'image des X ou des Y ? Cela reste à voir, la réalité socioéconomique étant de première importance pour forger les caractéristiques d'une génération. Qui peut dire quelle sera la situation économique en Afrique ou en Amérique latine dans 10 ans ? Des pays comme le Brésil investissent déjà des sommes substantielles dans la formation de leur jeunesse. Quels seront les impacts du déploiement encore plus étendu des technologies de la communication auprès de l'ensemble des générations ? Les systèmes politiques non démocratiques tomberont-ils ? Les millions de jeunes Chinois réussiront-ils à contourner les obstacles dressés par leurs dirigeants ?

Un responsable d'usine en Inde qui assistait, au Québec, à une présentation sur les générations a fait un témoignage devant ses collègues des usines canadiennes, américaines et européennes, qui les a tous surpris. «Mes jeunes employés de la génération Y sont exactement comme les vôtres ; en fait, mon usine est composée à 90 % de jeunes de moins de

30 ans. Imaginez, 90 % de mon personnel possède ces caractéristiques. »
La description qu'il a donnée était pour le moins saisissante : un bas taux
de rétention, des employés demandant des horaires flexibles et la possibilité de travailler chez eux, des questionnements sans fin. Des employés
compétents, certes, mais travaillant dans un environnement où il n'y a pas
d'interaction avec d'autres générations et où tout le monde veut la même
chose : avoir du plaisir et ne pas s'ennuyer. Saisissant et assez inquiétant,
convenons-en. Nous n'en sommes pas là, fort heureusement, mais cette
réalité n'est pas très loin et devrait nous sensibiliser non seulement aux défis
des relations intergénérationnelles au travail et dans notre vie quotidienne,
mais aussi au nécessaire transfert des connaissances entre les générations.

CONCLUSION

Au cours des dernières années, on a grandement fait état de l'agrandissement du fossé entre les générations. Crise pour certains, phénomène normal pour d'autres, les différences générationnelles ont fait la manchette dans les secteurs les plus variés. Du milieu de l'éducation au monde des affaires en passant par le marché de l'emploi, journalistes, écrivains, éducateurs, gestionnaires et citoyens ont dénoncé les changements abrupts provoqués par l'arrivée massive de la génération Y et, dans une moindre mesure, par celle de la génération X avant elle. Enfants-rois qui ne sont jamais satisfaits et ne pensent qu'à leurs besoins, sans résilience, accrochés à leurs parents, les qualificatifs qu'on a attribués à la génération Y n'ont fait qu'augmenter l'inquiétude chez les éducateurs et les futurs employeurs. Pourtant, si l'on retourne en arrière, certaines de ses caractéristiques ont aussi été attribuées aux baby-boomers alors adolescents.

Le changement de garde n'est jamais facile. La génération au pouvoir veut conserver ses acquis et aspire à prendre sa retraite dans la sérénité en profitant de la société qu'elle s'est bâtie, alors que celle qui émerge remet en question les choix des prédécesseurs et veut changer l'ordre établi.

La tendance est forte d'opposer les différentes visions qui se partagent l'espace public et de se replier vers son propre groupe en accusant les autres de ne pas comprendre, d'être désengagés et d'agir en enfants gâtés. Les traditionnels, baby-boomers, X et Y ont certes des caractéristiques spécifiques, mais sont le fruit de leur époque. Ils ont fait ce qu'ils ont pu avec ce qui leur était donné. Il est de la responsabilité de chaque génération de trouver un terrain d'entente et de faire preuve d'ouverture afin de ne pas gaspiller l'expérience des plus âgés ni empêcher l'idéalisme et la créativité des plus jeunes de s'exprimer. Tous peuvent cohabiter s'ils comprennent les caractéristiques des différentes générations et respectent leurs valeurs. En réalité, si l'on dresse la liste des principales valeurs des quatre générations, nous constatons qu'elles font pratiquement partie de toutes les générations ; l'ordre de priorité et les moyens choisis pour les mettre en œuvre seront par contre différents. Par conséquent, les générations ont plus en commun qu'elles ne le croient, bien que, si l'on regarde les comportements des uns et des autres, nous ayons de la difficulté à le voir.

Alors que le monde du travail traverse une période de grands bouleversements – vieillissement de la population, pénurie de main-d'œuvre, finances publiques en mauvais état, mondialisation des marchés, émergence de nouveaux acteurs économiques –, attirer et conserver une main-d'œuvre de qualité est un défi de tous les instants. L'approche intergénérationnelle permet de mettre en place les conditions qui feront en sorte que les baby-boomers voudront demeurer au travail plus longtemps ; les X s'y engager à long terme ; et les Y, y trouver leur intérêt. Les différences générationnelles, si elles sont bien utilisées, sont une plus-value pour les entreprises. Cependant, créer un climat et un milieu de travail où des personnes au profil si différent se sentent à l'aise demande de changer les façons de faire, l'organisation et la vision du travail ainsi que la place qu'il occupe dans la vie des gens.

Les traditionnels étaient disciplinés et avaient l'esprit de sacrifice ; cela les a bien servis durant les deux guerres mondiales et la grande crise. Les baby-boomers étaient idéalistes et engagés ; cela leur a permis de mettre en place les changements profonds dont la société avait besoin. La génération X, grâce à son autonomie et ses compétences, a pu passer à travers les crises économiques et un krach boursier, et tout de même redéfinir et replacer la famille au cœur des préoccupations de la société. Les Y sont enthousiastes et engagés, leur esprit d'équipe et leur désir de vivre intensément chaque moment de leur vie tout en préservant de forts liens familiaux augurent bien pour l'avenir.

Mettre en place des structures d'accueil, faire le bilan générationnel et le cycle de vie de son équipe, créer des ponts générationnels pour apprendre à mieux se connaître et finalement partager les valeurs des uns et des autres dans le respect demandent du travail et une bonne dose d'humilité, mais le jeu en vaut la chandelle. La survie de plusieurs entreprises dépend non seulement de leur capacité à s'adapter au marché, mais aussi de leur volonté à répondre aux besoins de leurs employés issus de générations différentes. L'engagement et la motivation du personnel sont quant à eux de plus en plus tributaires des possibilités d'avoir un équilibre travail-famille-vie personnelle. Reconnaître, comprendre et tenir compte des caractéristiques générationnelles dans l'organisation du travail permettent de se mettre au diapason des baby-boomers, des X et des Y, et d'offrir à chacun la possibilité d'avoir les conditions optimales pour se réaliser et atteindre les objectifs de l'entreprise.

Nul doute que la dynamique intergénérationnelle va continuer de progresser et de changer. Dans quelques années, les baby-boomers seront en minorité dans la plupart des milieux de travail ou complètement absents ailleurs. Les X et les Y seront majoritaires et devront, dénatalité oblige, se partager les postes de cadres et accueillir une toute nouvelle génération. Difficile de dire de quoi elle sera faite, car les plus âgés n'ont que 12 ans, mais lorsqu'ils atteindront l'âge adulte et prendront leurs premières décisions, les spécialistes et chercheurs tenteront, comme ils l'ont fait pour les X et les Y avant eux, de les définir, de les nommer et de nous préparer à leur arrivée sur le marché du travail. Il sera certainement amusant de voir comment les X et les Y réagiront ; ressembleront-ils à leurs aînés baby-boomers qu'ils ont tant décriés ? Les paris sont ouverts.

RÉFÉRENCES

BEAUREGARD, Michel.
Un aperçu de l'histoire économique du Québec,
cégep Marie-Victorin, 2006, http://www.michelbeauregard.com/
eqchap2.pdf.

FORTIN, Pierre.
Cahier de recherche, n° 20-15, Université du Québec à Montréal,
juillet 2002.

HOWE, Neil et William STRAUSS.
Millenials Rising. The Next Great Generation, Vintage Books,
Random House, New York, 2000.

Institut de la statistique du Québec.
Registre des naissances, http://www.stat.gouv.qc.ca/donstat/societe/
demographie/naisn_deces/naissance/401.htm.

LANCASTER, Lynne C. et David STILLMAN.
When Generations Collide, Harper Business, Harper Collins,
New York, 2002.

Statistique Canada.
Données historiques des taux d'intérêt, http://www.bankofcanada.ca/
wp-content/uploads/2010/09/selected_historical_page1_2_3.pdf.

WIKIPEDIA.
Histoire du Québec, http://fr.wikipedia.org/wiki/Histoire_du_
Quebec.

REMERCIEMENTS

Écrire ce livre n'aurait pu être possible sans le soutien et les encouragements de nombreuses personnes.

En premier lieu, merci à l'Université de Sherbrooke qui m'a non seulement encouragée à développer cette expertise, mais aussi donné les moyens de la faire valoir hors des murs du campus.

À mes collègues du Bureau de la registraire et de la section information et recrutement qui ont accepté de combler mes nombreuses absences alors que je sillonnais le Québec pour donner des conférences.

Aux Éditions La Presse, particulièrement à madame Sylvie Latour, éditrice, pour son professionnalisme, sa gentillesse et, surtout, son extrême compétence. Je n'y serais pas arrivée sans vous !

Aux entreprises et aux milieux de travail qui m'ont ouvert leurs portes ces six dernières années et qui ont nourri mes réflexions sur les impacts de la cohabitation des générations, merci d'avoir partagé vos expériences avec tant de générosité.

Aux copains du *Glou* du jeudi soir et à Charlotte, qui n'ont jamais douté de l'aboutissement de ce projet et m'ont donné l'énergie nécessaire pour continuer, merci.

À mon conjoint David, qui a accepté les fins de semaine et les vacances écourtées, et supporté avec patience les périodes de découragement et de frustration sans que rien n'y paraisse. Merci de ton amour.

Finalement, à ma fille Véronique, digne représentante de la génération Y, qui me démontre par son intelligence, sa créativité, son engagement et sa compassion que la société que nous allons lui léguer sera entre bonnes mains.